예수님과 승리하는 삶

예수님과 승리하는 삶

글쓴이 | 박신일
일러스트 | 오기원
초판 발행 | 2021년 10월 27일
등록번호 | 제 1988-000080호
등록된 곳 | 서울특별시 용산구 서빙고로65길 38 두란노빌딩
발행처 | 사단법인 두란노서원
영업부 | 2078-3352   FAX | 080-749-3705
출판부 | 2078-3331

책 값은 뒤표지에 있습니다.
ISBN 978-89-531-4080-6 04230
      978-89-531-4037-0 04230(세트)

독자의 의견을 기다립니다.
tpress@duranno.com   http://www.Duranno.com
        .

고난 중에 승리를 선포하는
여덟 가지 메시지

예수님과 승리하는 삶

박신일 지음

The Word
Worship
Sealed
Witness
Perseverance
Judgment
Anticipation
The Kingdom

두란노

목차

예수 그리스도와 성도의 승리를 말하다

요한계시록은 적그리스도가 아니라 살아 계신 그리스도를 전하는 책입니다. 누군가 "왜 요한계시록을 읽습니까?"라고 물어보면 주저함 없이 "그리스도를 더 잘 알기 위해 읽습니다"라고 대답할 수 있어야 합니다.[1] 요한계시록은 그 무엇도 아닌 예수 그리스도에게 초점을 맞춘 책입니다.[2]

사도 요한이 이 책을 쓴 목적은 우상 숭배와 타협하지 않는 성도들을 격려하고, 그 믿음의 자리를 계속 지켜 나가도록 하기 위해서입니다. 또한 영적 무감각증(anesthesia)에 빠진 성도들을 흔들어 깨워 그들이 처한 영적 위험을 인지하고 회개함으로써 다시 부활의 주님의 증인이 되도록 돕기 위해서입니다.[3] 위험 가운데 있는 교회를 교회답게 세워 가시려는 하나님의 간곡한 경고이자 권면인 것입니다. 핍박의 한가운데서 이 음성을 듣고 지키는 자는 복이 있음을 선포하고 있습니다.

핍박과 유혹이 공존하는 곳에서 주님을 모시고 사는 자들에게 하나님은 천국의 커튼을 열어젖히시고 천상에서 드리는 예배를 보여 주십니다. 얼마나 감격스러운 장면입니까! 죽음 앞에서 그리스도를 끝까지 신뢰하고 믿음을 지켜야 하는 성도들에게 예배드리는 것이 이처럼 영광스러운 일임을 보여 주실 때 얼마나 큰 힘을 얻겠습니까! 요한계시록은 복음의 완성이라는 큰 그림을 보여 줍니다. 잠시 허락된 사탄의 활동에 끝이 온다는 약속입니다. 하나님의 인치심을 받은 백성은 하나님의 심판 앞에서도 안전합니다. 지금은 세상이 이기는 것처럼 보이지만 하나님 나라가 도래하고 있음을 똑똑히 기억하며 살아가라고 권합니다.

그러므로 복음의 완성이라는 큰 그림 없이 종말의 현상과 그 시점에만 빠져 요한계시록을 이상한 책으로 변질시키는 일을 중단해야 합니다. 요한계시록 또한 나머지 성경 65권처럼 그리스도를 중심에 두고 읽어야 합니다. 그렇게 할 때 요한계시록은 성도를 살리고 교회를 새롭게 하는 성경의 결론이 될 것입니다. 이 말씀은 눈에 보이는 세상에서 믿음으로 바라보는 세상으로 우리를 초대합니다. 하나님 나라, 예수 그리스도의 승리가 우리 앞에 있습니다. 온 교회는 매일 하나님께 찬송과 영광을 돌리며 "아멘 주 예수여 오시옵소서!"라고 외쳐야 합니다. 예배가 있는 곳에 승리가 있습니다.

2021년 10월
박신일

요한계시록 이해하기

요한계시록 2장부터 3장까지 일곱 교회에 주시는 일곱 가지 메시지는 《예수님을 바라보는 삶》(두란노)에서 다루었습니다. 이 책(예수님과 승리하는 삶)은 요한계시록 1장을 서론으로 다루고 4장부터 22장을 중점적으로 소개해 그리스도인의 승리가 무엇인지를 다루려고 합니다. 먼저 요한계시록을 바르게 이해하기 위해 읽을 때 유의해야 할 점과 이 책의 특징을 살펴보겠습니다.

요한계시록을 대하는 우리의 현주소

요한계시록을 처음 대할 때 보편적으로 어렵고 난해하다고 생각하며, 혹시 잘못 해석하지 않을까 염려합니다. 그래서 성도들은 다음 두 가지 행동을 합니다.[1] 첫째, 읽는 것을 미뤄 둡니다. 믿음이 더 좋아지면 읽겠다고 결심합니다. 성경을 더 많이 공부하고, 최종적으로 요한계시록을 읽겠다고 마음먹습니다. 그래서 대부분의 성도는 요한계시록을 읽지 않고 신앙생활을 합니다. 둘째, 요한계시록을 지나치게 특별한 책으로 오해합니다. 성경의 다른 책과 비교할 수 없는 신비한 책으로 여깁니다. 그래서 현실 감각을 상실한 채 앞으로 펼쳐질 일과 종말에 대해서만 치중하려고 합니다. 심지어 종말의 때를 맞추려고 미래를 예언하는 사람까지 등장합니다. 이런 이유로 요한계시록은 성도들의 손에서 자꾸만 멀어집니다. 결국 성도와 요한계시록의 거리가 갈수록 멀어지면서 이 틈을 비집고 이단이 끊임없이 출현하고 있는 상황입니다.

사람들의 관심은 미래의 일이 언제 일어날지, 요한계시록에 나오는 수많은 상징을 어떻게 이해하고 묵상할지에 쏠려 있습니다. 누군가 요한계시록의 의미를 바르게 풀어 주길 원하고, 그런 내용을 제대로 배우기 원하는 마음으로 가득 차 있는 것이 우리의 현주소입니다. 여기서 우리가 명심해야 할 것은 요한계시록을 신비한 내용을 담은, 성경 65권과 무관한 별도의 책으로 여겨서는 안 된다는 것입니다. 예수 그리스도의 복음은 성경 전체를 해석하는 열쇠입니다.[2] 성경의 66번째 책인 요한계시록은 65권의 모든 내용과 일치하며, 같은 메시지를 갖고 있다는 점을 분명히 알아야 하겠습니다.

요한계시록을 어떻게 이해해야 할까요?

요한계시록에는 여러 동물과 상징이 등장합니다. 어려운 단어도 있습니다. 어떻게 읽어야 바르고 정확하게 이해할 수 있을까요? 기독교 역사에서 요한계시록을 주님의 은혜로 연구해 온 수많은 학자가 있습니다. 우리는 그들이 전해 주는 훌륭한 전통과 유산을 바탕으로 현실 도피적인 공상에 빠지지 않고 올바르게 이해하도록 주님께 지혜를 구하며 읽어야 합니다. 먼저 요한계시록을 바르게 이해하려면 어떤 시대적 배경에서, 누가 왜 이것을 기록했는지 아는 것이 중요합니다.

① 저작 동기

사도 요한이 AD 95년경에 기록한 요한계시록은 로마가 소아시아까지 통치하던 시대였습니다. 당시에는 로마 황제를 '주와 구세주'로 고백하고 섬기는 의식인 황제 숭배 의식이 만연해 있었습니다. 그래서 예수님만을 주님으로 고백하는 그리스도인은 로마 제국과 충돌할 수밖에 없었습니다. 제국의 모진 박해 가운데서 당시 힘없고 연약한 그리스도인들은 죽임을 당해야 했습니다. 사도 요한은 이런 상황이 더 나빠지리라고 내다보았으며, 교회가 앞으로 일어날 일들에 대해 제대로 준비하지 못한 상태임을 알고 있었습니다. 그는 자신이 받은 계시를 통해 교회와 성도를 격려하고, 로마제국과 모든 악한 것에 대한 심판을 선언하기 위해 요한계시록을 썼습니다. 이 말씀은 강력한 로마에 대항하는 힘이 한 분이신 하나님께 대한 믿음에서 나온다는 사실을 선포하고 있습니다.[3] 요한계시록은 로마 권력을 상징하는 웅장한 건물들의 시각적 이미지를 넘어 이 땅의 모든 권세보다 위에 계신 하나님의 기독교적 환상을 시각적으로 보여 주는 책입니다.

현재 처해 있는 어떤 외적 상황에도 하나님은 역사에 대한 절대적 주권을 반드시 행사하십니다. 하나님의 백성은 현재 고난을 겪고 있지만, 하나님의 확실한 구원을 소유하고 있습니다. 결국 교회를 핍박한 자들에게 하나님의 심판이 임한다는 사실을 선포하려는 것이 요한계시록의 기록 목적입니다.[4] 즉 핍박당하던 성도들이 예수님을 끝까지 신실하게 믿고 고난을 이겨 내도록 격려하기 위해 기록된 책입니다. 그렇다면 요한계시록은 현재 고난을 지나는 사람이 가장 큰 은혜를 받을 수 있는 말씀입니다.

② 역사적 배경

사도 요한은 정치범 수용소가 있는 밧모섬에 있었습니다. 당시 로마제국을 다스렸던 도미티아누스 황제(Caesar Domitianus Augustus, 51-96)는 제국 내 모든 사람에게 "카이사는 큐리오스다(황제는 주님이시다)"라는 말을 외우라고 명령했으며, 로마 황제를 신격화해 섬기는 예식을 행했습니다. 그러나 요한이 그 명령에 복종하지 않자 로마 재판정은 그를 위험한 무신론자로 낙인찍은 채 뜨거운 태양 아래서 죽어가도록 밧모섬에 유배를 보냈습니다. 이때 나이가 들어 체력적으로 약해진 사도 요한에게 하나님이 눈을 열어 앞으로 어떤 역사가 펼쳐질지 계시한 책이 바로 요한계시록입니다.

사도 요한은 로마 황제 치하에서 큰 고난을 겪던 동료 그리스도인들을 예언의 말씀으로 격려하기 위해 이 편지를 썼습니다. 이 고난을 피해 타협하려는 유혹이 그 어느 때보다 크다는 것을 알고 있었기에 계시로 보여 주신 하나님의 말씀을 교회와 성도들에게 알려 주고자 했던 것입니다. 자신이 본 것을 그들도 볼 수만 있다

면 삶이 아무리 힘들어도 굳건히 믿음을 지켜 나가리라고 확신했기 때문입니다.[5]

사도 요한은 "여러분의 형제요 예수 안에서 환난과 그 나라와 인내에 여러분과 더불어 참여한 사람인 나 요한은…"(계 1:9, 새번역)이라고 자신을 소개합니다. 요한 자신도 고난에 동참하고 있는 사람으로서 소아시아의 일곱 교회뿐 아니라 어려움을 지나는 당시 모든 교회와 성도를 향해 삶이 아무리 힘들어도 끝까지 믿음을 지키자고 권면하며 외치고 있습니다.

③ '언제'가 아니라 '어떤 일'이 일어날 것인가

이런 저작 동기와 역사적 배경을 갖고 요한계시록을 읽다 보면 상징과 환상을 무리하게 해석하는 데 초점을 두지 않고 고난 가운데 있는 사람들이 어떻게 믿음을 지키며 살아가는지에 집중하게 됩니다. 요한계시록은 '언제'를 말하고 있는 것이 아니라 '어떤 일'이 일어날 것인지를 이야기하고 있기 때문입니다.[6] 매일 이런 준비로 살아가는 그리스도인이 된다면 주님이 언제 오셔도 상관없습니다. 내일 당장 오셔도 기쁨으로 맞이할 수 있습니다. 이것이 건강한 그리스도인의 모습입니다.

④ 복음 중심으로 계시록 이해하기: 가장 중요한 관점

예수 그리스도의 복음은 성경 전체의 해석 원리이자 기준이 됩니다. 요한계시록도 예외가 아닙니다. 그러므로 복음이 요한계시록을 어떻게 해석하는지 살펴보는 것이 중요합니다.[7] 요한계시록은 복음의 완성을 보여 주는 책입니다. 상징과 환상에 대한 내용으로 가득 찬 요한계시록은 반드시 예수 그리스도 안에서 성경의 통일된 메시지에 비춰 해석해야 합니다.[8] 그렇게 할 때 특별해 보이는 예언의 상징적 표현을 함부로 해석하는 오류에 빠지지 않습니다. 복음이라는 거시적 관점에서 요한계시록을 읽고 이해하는 것이 바른 관점임을 잊지 말아야 합니다.

우리 시대의 비극 가운데 하나는 요한계시록을 미래의 마지막 시점에만 초점을 맞춰 너무 협소하고 부정확하게 해석함으로써 요한계시록이 '그리스도인의 삶과 제자의 길'에 대한 심오한 진리와 권면을 담았다는 사실을 놓치고 있다는 점입니다. 요한계시록의 목표는 세상이 비극과 고난, 사탄의 지배권 아래 있을 때도 하나님이 그분의 목적을 이루고 계신다는 사실을 전함으로써 모든 시대의 그리스도인에게 힘과 위로를 주고자 하는 데 있습니다. 요한계시록은 복음이 이긴다는 승리의 함성으로, 신약성경의 어떤 책보다 그 안에 모든 악의 세력에 대한 하나님의 최종 승리가 계시되어 있기 때문입니다.[9]

⑤ 요한계시록이 상징적 표현으로 기록된 이유

로마제국의 황제 숭배 의식은 소아시아 지방에서 가장 성행했습니다. 취약한 상황에 처해 있던 소아시아의 작은 교회들은 거대한 로마제국과 영적 전투를 치러야만 했습니다. 사도 요한은 자신의 유배 생활과 2장 13절에 언급된 안디바의 순교가 로마제국이 완전히 파멸하기 전 교회에 가해진 대박해의 서곡에 지나지 않다는 것을 내다보고 있었습니다.[10] 신앙 때문에 목숨까지 잃을 수 있는 시대에 그들에게 필요했던 것은 진리를 붙드는 믿음, 첫사랑을 잊지 않는 은혜, 뜨겁고 확신에 찬 믿음이었습니다. 미지근한 믿음으로는 절대 그런 고난을 견딜 수 없습니다.

요한계시록은 그들에게 하나님 나라가 어떻게 도래할지 언어를 넘어 그림으로 보여 줍니다. 천국과 이 땅, 하나님 나라와 세상이 어떻게 싸울 것인지를 시각적으로 보여 줍니다. 상징과 이미지를 계속해서 보여 주시는 이유는 눈에 보이는 세상(로마제국)이 교회와 성도들을 억압하는 동안에도 눈에 보이지 않는 하나님 나라와 그분의 역사 안에서 어떤 다른 일이 일어나고 있는지를 깨닫게 하기 위해서입니다. 눈에 보이는 거대한 로마제국의 권력과 그 힘을 상징하는 건축물의 이미지를 무너뜨리는 상징과 이미지로 하나님 나라의 도래를 보여 주면서 성도들에게 승리의 감각을 회복시키는 것입니다. 고난과 핍박 가운데 있는 그리스도인에게 지금 예수님이 무엇을 하고 계시며, 앞으로 그분이 오셔서 어떤 일을

완성하실지 그림으로 보여 줍니다.[11]

① 글에서 그림으로: 읽는 성경에서 듣고 보는 성경으로

성경 말씀을 단순한 글자로 인식하던 이들에게 요한계시록은 말씀을 눈으로 볼 수 있게 만들어 줍니다. 천사들과 짐승들이 벌이는 천상의 전투, 섬뜩한 하나님의 심판, 영광스러운 구원과 천상에서 퍼져 나가는 찬송이 가득한 장면으로 우리를 초대합니다. 요한계시록은 잠자는 영혼, 미지근한 믿음에 길들여진 우리의 귀를 번쩍 뜨이게 해줄 성령님의 나팔 소리입니다.[12] 신앙의 지식만 있고 감각이 죽어 있는 자들에게 말씀을 이미지화해서 눈이 활짝 열리고 다시 오실 예수 그리스도와 그분의 영광의 나라를 바라보라는 하나님의 음성입니다.

② 신학이 있는 목회자의 편지: 신학자, 시인, 목회자

사도 요한은 신학자이면서 목회자였습니다. 신학자는 하나님의 말씀을 명확한 주제로 잘 정리하는 역할을 맡은 사람입니다. 사도 요한은 악과 혼돈이 난무하는 가운데서 하나님의 주권과 복음의 완성이 이루어진다는 것을 일관성 있게 정리해 주고 있습니다. 동시에 목회자로서 그리스도인들이 하나님의 말씀을 붙잡고 고난, 악과 싸워 이겨 나갈 것을 권면합니다. 또한 사도 요한은 그 것을 표현하는 데 시인과 같습니다. 시는 농축된 언어로 많은 의 미가 담겨 있습니다. 그는 앞으로 펼쳐질 하나님 나라를 시적이고 상징적인 언어로 그려 냈습니다.

고난이 오면 믿음을 포기하고 싶은 유혹이 많이 찾아옵니다. 그러나 하나님은 이 모든 고난의 과정 뒤에 아름답게 완성하실 하 나님 나라의 역사를 지금도 이루어 가고 계십니다. 이 믿음으로 끝까지 걸어가자고 권면하는 것이 요한계시록의 메시지입니다. 이처럼 사도 요한은 뒤죽박죽이 되어 버린 삶과 세상 가운데서 하 나님의 박자와 걸음을 찾게 합니다. 하나님 앞에서 부르게 될 찬 송 소리를 듣도록 합니다. 예로부터 우리 민족은 〈아리랑〉을 부르 며, 이 박자에 맞춰 고난을 이겨 내 왔습니다. 가슴 아픈 역사를 가 진 흑인들에게는 〈어메이징 그레이스〉가 있습니다. 우리의 할머 니들은 찬송가 370장 〈주 안에 있는 나에게〉를 부르며 고난과 힘 겨운 문제를 이겨냈습니다. 찬송은 시(詩)입니다. 시에 음정과 박자 를 붙여 부름으로써 우리의 아픔을 압도하는 믿음이 살아나게 도 와줍니다. 요한계시록은 시적인 언어와 찬송으로 하나님의 박자 를 회복시키는 힘이 있습니다. 힘들고 아픈 세상이지만 예수님만 을 바라보며 잊어버렸던 하나님의 박자를 되찾고 찬송하며 믿음 의 길을 힘차게 걸어가도록 이끌어 줍니다.[13]

요한계시록은 암호 해독을 하라고 주신 책이 아닙니다. 이 험난한 세상에서 믿음의 길을 가도록 도와주려는 하나님의 계시를 목회자의 심정으로 전해 준 것입니다. 그리고 이런 시각적 표현으로 복음의 완성을 노래하는 성경 66권의 멋진 결론입니다.

③ 지식을 넘어 능력의 말씀으로: 생각에서 삶으로 믿음을 옮겨라!

모든 일은 눈에 보이는 것이 전부가 아닙니다. 글자와 지식만으로는 환난과 핍박을 이겨낼 수 없습니다. 우리에게는 능력의 말씀이 필요합니다. 요한계시록은 사자의 포효하는 소리가 울려 퍼지며, 예수 그리스도의 나라가 임할 것을 보여 줍니다. 어린양 예수 그리스도가 통치할 그날이 오고 있음을 듣고 보고 느끼게 합니다. 우리의 영혼을 흔들어 깨워서 살아 있는 믿음을 회복시켜 주는 성경의 마지막 책이 요한계시록입니다.

요한계시록의 흐름: 네 단락

① 교회 한가운데 계신 예수 그리스도 Jesus Christ in the middle of His Churches

계 1:1-8, 서론

계 1:9-20, 그리스도에 대한 말씀

계 2-3장, 일곱 교회에 주신 말씀

② **보좌의 중심에 계신 어린양** The Lamb in the middle of the Throne

계 4-5장, 예배: 하늘 보좌에 대한 환상

계 6:1-8:5, 기도: 일곱 인(Seven Seals)의 개봉

계 8:6-11장, 심판: 일곱 나팔(Seven Trumpets)과 두 가지 환상

③ **심판의 한가운데 계신 주님** The Lord in the middle of Judgment

계 12-14장, 싸움: 교회와 악한 권세

계 15-16장, 심판: 일곱 대접(Seven Bowls)과 바벨론 심판

계 17-18장, 심판: 로마의 파멸과 음녀 바벨론의 최후

④ **하나님 나라 중심에 계신 만왕의 왕** The King in the middle of His Kingdom

계 19-20장, 구원과 심판: 마지막 영적 전투

계 21-22장, 새 예루살렘: 하나님 나라의 도래

The Word
Worship
Sealed
Witness
Perseverance
Judgment
Anticipation
The Kingdom

제1과

주의 음성을 듣고 지키는 것이 승리입니다

하나님의 말씀은 글로 기록되기 전에 먼저 음성으로 들렸습니다. 곧, 생생한 역동적 창조성이 그 무엇보다도 '하나님의 말씀'을 특징짓는 요소입니다. 서기관과 바리새인들은 성경의 문구에 대하여 정통해 있었으나 하나님의 음성은 전혀 듣지 못했던 자들입니다. 예수님은 그들을 통렬히 비난하셨습니다. 왜냐하면 연구하기만 했지 귀 기울여 듣지 않았기 때문입니다. 요한계시록은 기록된 말씀이 우리의 귀에 개인적으로 울려 퍼지기 전에는 그 역할을 다하지 못했음을 선포하는 성령의 음성입니다.[1] 요한계시록은 성경의 원칙을 강조하는 책입니다. 하나님이 현재 우리에게 말씀하신다는 원칙 말입니다.

요한계시록 1-3장

"요한계시록은 로마제국의 통치 아래서 핍박과 고난을 받는 성도들의 믿음을 깨우고 격려하기 위해 기록되었습니다. 계시록은 이 세상을 벗어나는 휴거가 아니라 이 세상에서 끝까지 신실한 그리스도의 제자로 살아갈 것을 선포하는 말씀입니다.[2] 이 예언의 말씀을 단순히 글이 아니라 살아 있는 주의 음성으로 듣고 반응할 때, 우리는 모든 감각이 살아나 고난과 문제들을 믿음으로 이기는 승리의 삶을 살 수 있을 것입니다."

들어가기 Intro

우리는 하나님의 말씀을 계속해서 읽거나 듣습니다. 그럼에도 삶의 변화는 더디고 문제와 시험 앞에서 말씀으로 대응하지 못할 때가 종종 있습니다. 하나님의 말씀은 우리에게 지식으로 여겨집니까, 아니면 능력으로 역사하고 있습니까? 이것이 다르게 여겨지는 이유는 말씀에 문제가 있는 것일까요, 아니면 말씀을 대하는 우리의 태도에 문제가 있는 것일까요? 지금 하나님의 말씀을 글자가 아니라 하나님이 내게 말씀하시는 음성으로 대해 보지 않겠습니까?

1장
그리스도의 계시 앞에 엎드린 사도 요한
The Word That Comes upon You

── 하나님의 말씀은 읽는 것이 아니라 듣는 것이며, 오감으로 반응하는 것입니다.

> 1. 요한계시록 1장 1절을 읽어 보세요. 요한계시록을 펼치자마자 만나는 "예수 그리스도의 계시"와 "속히 일어날 일들"이라는 긴박한 말씀은 우리를 두렵게 만듭니다. 이 말씀을 어떻게 이해해야 할까요?

요한계시록에 나오는 첫 번째 말씀은 요한의 계시가 아니라 "예수 그리스도의 계시"라는 뜻입니다. 이 계시는 다음의 다섯 단계를 거쳐 우리에게 주어진다는 것을 알 수 있습니다. '하나님 아버지-예수 그리스도-천사-사도 요한-읽는 사람'입니다.[3] 성경의 근원이 하나님 아버지임을 분명히 밝혀 주는 대목입니다. 이것이 바로 성경 말씀의 권위입니다. "속히 일어날 일들"은 우리를 두려움에 빠뜨리려는 말씀이 아닙니다. 2,000여 년 전에도 '속히'였고 지금도 '속히'입니다. 기독교의 종말은 예수님이 이 땅에 오신 이

래로 시작되었습니다. 예수님이 오셨다는 것은 하나님 나라가 임하고 드러나기 시작했다는 뜻입니다. 그래서 성경은 예수님이 이 세상에 오시고 죽으시고 부활하신 이후의 모든 시간과 다시 오실 때까지를 종말이라고 말합니다. 즉 종말은 예수님으로부터 이미 시작한 하나님 나라와 종국에 완성될 하나님 나라 사이의 시간입니다. 그러므로 우리가 살아가는 지금이 종말입니다.

사도 요한을 통해 앞으로 일어날 일들을 시각적으로 보여 주시는 이유는 눈앞에 보이는 화려한 로마제국, 승리하는 것처럼 보이는 세상의 권세와 권력 앞에 주눅 들지 말라는 것입니다. 주님이 다시 오시는 날에는 눈에 보이는 악한 것들이 모두 파괴되고 하나님 나라가 반드시 승리하리라는 것을 보여 줍니다. 그러므로 그림처럼 펼쳐지는 계시를 보면서 죽어가는 우리 믿음의 감각이 살아나도록 해야 합니다.

2. 요한계시록 1장 2-3절을 읽어 보세요. 사도 요한은 무엇을 증언한다고 말하나요?

사도 요한은 자신이 본 것을 증언했다고 말합니다. 단지 들은 것만이 아닙니다. 온몸으로 보고 듣고 느낀 것을 말합니다. 하나님은 말씀하시는 분이고, 이 말씀을 읽고 듣고 지키는 자는 복이 있

습니다. 우리가 말씀에 반응하고 그 말씀이 우리 안에서 살아 역사하면 복이 있다는 것입니다. 그렇다면 요한계시록은 왜 이렇게 말씀을 강조하며 시작하는 것일까요? 말씀이 우리 안에서 역사하는 분명한 역할이 있기 때문입니다. 예를 들면 시편 1편 2절은 "여호와의 율법을 즐거워하여 그의 율법을 주야로 묵상"하는 사람은 복이 있다고 말씀합니다. 말씀을 붙들고 말씀 안에서 살아가는 사람은 복이 있습니다. 그러나 우리의 실상은 말씀의 영향을 받지 않는 경우가 허다합니다. 말씀을 읽지만 우리 안에서 역사함을 느끼지 못합니다. 우리는 단지 말씀을 글자로 접하고 있기 때문입니다. 말씀은 읽는 것에서 그치는 것이 아니라 '듣고' '지키는' 자가 되어야 합니다. 하나님의 말씀을 나에게 말씀하시는 음성으로 대해 보십시오.

3. 요한일서 1장 1절을 읽어 보세요. 하나님의 말씀은 단지 읽을 수 있는 글씨가 아니라 듣고 보고 만질 수 있다는 말은 무슨 뜻인가요?

우리가 마주하는 하나님의 말씀은 글로 기록되기 전에 먼저 음성으로 들렸다는 뜻입니다.[4] 창세기 1장 3절을 생각해 보세요. "빛이 있으라"는 말씀은 단순한 글자가 아닙니다. 글자 이전에 음성이 먼저였기 때문입니다. 복음서에 기록된 예수님의 말씀도 글로

기록되기 이전에 이미 음성으로 들렸습니다. 말씀을 읽을 때 그것이 들린다면 우리의 모든 감각이 살아나고 그 전체가 동원되어 반응할 것입니다.

글은 지식과 정보를 제공할 뿐입니다. 그저 깨닫고 가지고 있을 수는 있습니다. 그러나 음성은 즉각적인 반응을 요구합니다. 음성이 들리면 우리는 그에 대해 바로 반응해야 합니다. 성경의 목적은 글이 아니라 글을 통해 하나님의 음성을 듣는 것입니다. 완전하신 하나님의 말씀이 음성으로 들린다면, 그것이 진리라면 반응하지 않는 순간부터 불순종이 시작됩니다. 서기관과 바리새인은 성경이라는 '글'에 정통했지만 하나님의 음성을 듣지는 못했습니다. 현대 그리스도인도 같은 잘못을 저지를 수 있습니다. 사탄의 전략 가운데 하나는 말씀이 살아 있는 하나님의 음성으로 들리지 못하게 만드는 것입니다. 요한계시록을 대하면서 상징을 해석하는 것에 집중하거나 종말의 때가 언제 올 것인지에만 관심을 둔다면 사탄의 전략에 넘어가는 것입니다. 이 말씀이 우리에게 들려서 반응하고 따라 살도록 하는 것이 요한계시록의 목적입니다. 일곱 교회를 향하여 '읽으라'라는 표현 대신 "귀 있는 자는 성령이 교회들에게 하시는 말씀을 들을지어다"라고 말씀하십니다(2:7, 2:11, 2:17, 2:29, 3:6, 3:13, 3:22). 나를 향한 말씀임을 확신하며 듣고 반응할 준비가 되어 있다면 요한계시록은 우리의 모든 감각을 살아나게 하는 말씀이 되어 더 순종하며 나아가도록 인도할 것입니다. 이 예언의 말씀을 읽는 자와 듣는 자와 그 가운데 기록한 것을 지키는 자가 복이 있습니다.

4. 요한계시록 1장 12절을 읽어 보세요. 사도 요한이 하나님의 말씀에 즉각적으로 반응할 수 있었던 이유는 무엇인가요?

말의 본질은 바로 인격적이라는 점에 있습니다. 그것은 한 사람의 내면에 있는 것을 다른 사람과 나누는 수단입니다. 말은 영과 영을 이어 줍니다.[5] 요한은 하나님의 음성이 귀로 들리자 몸을 돌이켜 그 음성을 알아보려고 합니다. 우리도 마찬가지입니다. 말씀을 '듣는 자'가 되어야 합니다. 요한계시록은 들리는 말씀을 감각으로 체험하도록 우리를 안내합니다. 그래서 요한계시록에는 우리의 눈과 귀를 반응하게 하는 표현이 장마다 등장합니다. 상징적인 숫자가 계속해서 나옵니다. 어린아이가 손가락으로 숫자를 헤아리듯 우리의 촉각이 되살아나게 합니다. 향을 담은 금 향로는 교회의 기도를 상징하는 것(8:3-4)으로 눈에 보이기도 하고 코로 맡을 수 있음을 보여 줍니다. 후각을 통해 기도를 표현함으로써 눈에 보이지 않는 가운데 깊이 관여하는 것, 바로 기도의 침투성을 깨닫게 합니다.[6] 하나님은 라오디게아 교회가 맛을 잃어버렸다고 책망하시며 우리의 미각이 반응하도록 하십니다. 그들은 맛

을 잃었기 때문에 입에서 토해 내겠다는 경고를 받습니다.[7] 이처럼 하나님은 우리의 모든 감각을 동원해 말씀에 반응할 것을 요청하십니다. 성경은 우리가 하나님이 누구신지, 그분과 어떻게 관계를 맺어야 하는지 정확하게 알려줍니다. 하나님은 말씀으로 우리 안에서 역사하시며, 우리가 모든 감각으로 반응하고 믿음으로 순종할 것을 요구하십니다.

── 구원자 예수 그리스도는 역사를 시작하셨고 종결지으시는 분입니다. 말씀으로 우리를 깨우고 일으키시는 분입니다.

5. 요한계시록 1장 4-8절을 읽어 보세요. 소아시아에 있는 일곱 교회를 향해 예수 그리스도를 어떤 분으로 소개하나요?

일곱 교회(에베소 교회, 서머나 교회, 버가모 교회, 두아디라 교회, 사데 교회, 빌라델비아 교회, 라오디게아 교회)를 향한 인사말입니다. 4절 말씀을 보면 예수님을 "이제도 계시고 전에도 계셨고 장차 오실 이"라고 소개합니다. 우리의 상황은 바뀌지만 예수 그리스도는 언제나 변함 없으신 분이라는 뜻입니다. 이것이 우리가 믿음을 끝까지 지켜야 하는 이유입니다. 5절에서 소개하는 예수님은 만왕의 왕이시며 그 피로 우리를 죄에서 해방시켜 주신 주님입니다. 그 안에 복음

이 그대로 담겨 있습니다. 6절은 우리에게 사명을 주시는 그리스도이심을 강조합니다. 우리를 주님의 나라와 제사장으로 삼으셔서 하나님을 섬기고 그 영광과 권세가 영원하도록 쓰임 받게 하시는 분입니다. 7절은 우리의 영혼을 일으키는 말씀입니다. 힘들어하고 어려움 가운데 처한 주님의 백성에게 들으라는 것입니다. 온 세상은 주님이 다시 오시고 승리하실 것을 반드시 보게 되리라고 선포합니다. 8절은 주님이 알파와 오메가, 처음과 마지막이라고 말씀합니다. 역사를 시작하신 분이 주님이며 끝맺으시는 분도 주님입니다. 하나님은 이 역사를 애매하게 종결짓지 않으십니다. 분명한 결말을 가지고 말씀대로 이루실 것입니다. 그러면 이것을 믿는 사람은 무엇을 해야 할까요? 요한계시록의 의도는 이처럼 우리 영혼의 감각을 살아나게 하는 말씀을 통해 하나님을 경배하게 하는 것입니다. 주님을 붙드는 사람은 아무리 큰 고난이 닥쳐도 주님을 높이고 경배하는 일을 멈추지 않을 것입니다. 주님이 알파와 오메가, 시작과 마침이시기 때문입니다.

6. 요한계시록 1장 9-13절을 읽어 보세요. "인자 같은 이"는 누구인 가요?

사도 요한이 두루마리에 기록한 하나님의 계시는 이 땅의 모든

교회와 성도에게 보내는 편지입니다. 이제 사도 요한은 하나님의 음성을 듣고 그것을 알아보려고 돌아섭니다. 그리고 일곱 금 촛대를 봅니다.

일곱 금 촛대 한가운데 "인자 같은 이(like a son of man)"가 계셨습니다. 여기서 인자는 단순히 사람의 아들을 뜻하지 않습니다. 사도 요한은 다니엘서 7장의 표현을 그대로 가져왔습니다. 요한계시록에서 구약성경의 말씀을 200번 넘게 인용하고 있는데, 이는 구약 선지자들의 계보를 잇고 있다는 뜻입니다. 다니엘서 7장 13절에는 "인자 같은 이가 … 와서(There came one like a son of a man, ESV)"라고 말씀합니다. 이분은 태초부터 계셨던 분입니다. 이 세상을 창조하시고, 앞으로 무너지지 않을 하나님 나라를 세우러 오시는 분입니다.[8] 우리 주님을 얘기하는 것입니다. 발에 끌리는 긴 옷을 입고 가슴에 금띠를 띠고 계셨다는 것은 왕(통치자)과 제사장(하나님과 사람을 연결해 주시는 분)의 직분을 상징합니다.[9]

7. 요한계시록 1장 14-16절을 읽어 보세요. 예수 그리스도를 묘사하는 각각의 상징은 무엇을 뜻하나요? 그리고 그 상징의 중심에 무엇이 강조되고 있습니까?

예수 그리스도의 머리와 머리털은 흰색입니다. 죄 많은 우리

를 흰 양털과 흰 눈처럼 깨끗이 용서하시는 분입니다. 또한 그분의 눈은 불꽃 같습니다. 그 자체가 순결한 분일 뿐 아니라 우리의 죄를 태워 순결하게 하시는 분입니다. 그의 발은 풀무 불에 단련한 빛나는 주석 같습니다. 매우 단단해서 흔들리지 않으시는 분입니다. 이 땅에 존재하는 화려한 그 어떤 나라도 모두 위험한 기초 위에 서 있습니다. 그러나 예수 그리스도께서 세우실 나라는 심히 견고할 것입니다.[10] 그의 음성은 많은 물소리와 같습니다. 요한은 그리스도의 거룩한 권세를 보여 주기 위해 구약의 말씀(겔 1:24, 43:2)을 사용합니다.[11] 주님이 말씀하실 때 수많은 폭포가 떨어지는 장엄한 소리와 권세로 말미암아 우리는 아무 말도 하지 못하고 듣기만 해야 합니다. 이것이 바로 말씀의 힘입니다. 또한 많은 물소리, 즉 폭포수 같은 그리스도의 음성 앞에서 거드름을 피우며 쑥덕거리는 반응을 보인다는 것은 도무지 생각할 수 없는 일입니다.[12] 그의 오른손에는 일곱 별이 있고 입에서는 날 선 검이 나오며 얼굴은 해가 강렬하게 비치는 것 같습니다. 20절 말씀을 보면 일곱 별은 일곱 교회의 천사라고 알려 줍니다.

이상과 같이 일곱 가지로 묘사된 "인자 같은 이", 즉 예수 그리스도를 영성 신학자 유진 피터슨(Eugene H. Peterson, 1932-2018)은 다음의 구조로 정리합니다. 사도 요한이 인자를 묘사하는 일곱 가지 항목을 대칭으로 배열하는데, 그 중앙에는 '많은 물소리와 같은 주님의 음성(D)'이 있음을 보여 줍니다.[13]

A. 흰 머리

    B. 불꽃 같은 눈

        C. 주석 같은 발

            D. 많은 물소리와 같은 음성

        C′. 오른손

    B′. 입

A′. 해와 같이 빛나는 얼굴

A와 A′는 용서(흰 머리)와 축복(해처럼 빛나는 얼굴, 민수기 6장 25절에 나오는 제사장의 축복)을 뜻합니다. B와 B′는 하나님이 우리와 관계를 맺으시는 분임을 보여 줍니다. C와 C′는 능력과 권세를 표현하는 몸의 부분입니다. 대칭의 중심이자 핵심인 D는 말씀하시는 분이라는 것입니다. 그리고 모든 예언의 말씀과 사도들의 말이 모여 하나님의 뜨거운 사랑과 긴급한 자비가 천둥처럼 울려 퍼지는 이 음성을 이룬다는 뜻입니다.[14] 예수 그리스도는 말씀하는 분이며, 그분의 말씀이 모든 것을 바꾸어 놓는다는 뜻입니다.

8. 요한계시록 1장 17-20절을 읽어 보세요. 주님을 직접 만난 사도 요한은 어떤 사명을 받습니까?

- -

사도 요한은 주님을 뵈옵는 순간 그분의 발 앞에 엎드리게 됩니다. 우리는 그분의 임재 앞에서 꼼짝도 할 수 없습니다. 이때 주님이 오른손을 대시며 두려워하지 말라고 말씀하십니다. 그리고 예수님은 자신을 처음과 마지막이며, 지금도 살아계시며 사망과 음부의 열쇠를 가졌다고 소개하십니다. 주님을 직접 대하는 사도 요한은 얼마나 감격스러웠을까요! 이 모든 것을 마주한 사도 요한은 이 놀라운 말씀 앞에서 모든 감각이 살아납니다. 모든 교회가 이 소식을 속히 들어야 한다고 생각했을 것입니다. 실제로 주님은 이것을 일곱 교회에 전해 주라고 말씀하십니다. 일곱 교회뿐 아니라 세상의 모든 교회와 성도에게 전하라는 주님의 말씀입니다. 이제 사도 요한은 점차 기력을 잃어 가는 쇠약한 노인이 아니라 두 발로 하나님의 말씀을 가지고 서서 다시 오실 만왕의 왕 예수 그리스도를 세상에 전하는 힘 있는 자로 부름을 받습니다. 사도 요한을 일으키고 일곱 교회를 살리는 이 예언의 말씀이 현재에는 우리를 살리는 말씀이 될 것입니다. 그리고 이 말씀은 온 세상에 전해져야 합니다.

9. 요한계시록 3장 20-22절을 읽어 보세요. 예수님은 지금 무엇을 하고 계시나요?

요한계시록 2-3장은 일곱 교회에 보낸 편지이자 설교입니다. 이 설교는 한 문장으로 정리할 수 있습니다. "내가 문밖에 서서 두드리고 있다!" 주님은 우리 모두를 향해 두드리고 계십니다. 이는 말씀을 글자로만 받지 말고, 머릿속의 지식으로 가둬 두려 하지 말고, 오감으로 반응해 음성으로 듣고 지금 결단하며 살라는 주님의 간절한 요청입니다. 주께 우리의 문을 열어 드리면 주님은 우리 안과 교회 안으로 들어오십니다. 그리고 그 순간 우리에게 하늘의 문, 천국의 문을 열어 하늘에서 어떤 일이 벌어지는지 보여 주십니다. 이것이 4장부터 펼쳐질 주님의 보좌가 있는 하늘의 풍경입니다.*

---

*요한계시록 2-3장은 소아시아에 있는 일곱 교회 이야기로, 《예수님을 바라보는 삶》(두란노)에서 다루고 있습니다.

1. 1과를 마치면서 요한계시록을 대했던 이전의 마음과 지금의 마음을 비교할 때 달라진 점은 무엇인가요?

하나님의 말씀을 글로만 대했다면 이제 하나님의 음성으로 들어 보십시오. 이메일은 받고 답신을 미룰 수 있습니다. 덮어 둘 수도 있습니다. 그러나 전화로 통화하면 반드시 대답해야 합니다. 우리에게 하나님의 말씀은 글입니까, 음성입니까? 말씀을 하나님의 음성으로 대하는 때부터 우리의 감각이 살아나고 그 음성에 반응하게 될 것입니다. 요한계시록은 무뎌졌던 우리의 감각이 고난 가운데서 살아나도록 도와주는 강력한 말씀입니다.

2. 요한계시록 때문에 이단이 잇달아 등장하는 이유는 무엇일까요? 잘못된 해석과 시한부 종말론에 빠지지 않으려면 우리는 요한계시록을 어떤 자세로 읽어야 할까요?

요한계시록만을 특별한 책으로 대한다거나 상징과 숫자, 마지막 때가 언제인가에 지나치게 얽매여서는 안 됩니다. 요한계시록

역시 66권 가운데 한 권으로 복음의 관점에서 동일하게 대해야 합니다. 중요한 것은 요한계시록이 오늘을 살아가는 우리를 향한 승리의 메시지라는 점입니다. 눈에 보이는 세상에 압도되어 하나님의 임재를 경험하지 못하는 우리의 모든 감각이 되살아나도록 그림 같은 장면들을 펼쳐 보여 줍니다. 그래서 늘 승리의 주님을 바라보며 '지금'의 문제와 어려움을 이겨 내도록 돕는 책이 바로 요한계시록입니다.

3. 하나님의 말씀을 글자가 아닌 음성으로 들어야 합니다. 말씀을 음성으로 들으면 즉각적으로 반응하고 결단할 수밖에 없습니다. 우리 삶에서 말씀이 그 힘을 발휘하지 못했던 이유가 여기에 있습니다. 우리가 말씀을 하나님의 음성으로 들을 때 그것을 지킬 것인지, 거부할 것인지를 결정하게 됩니다. 하나님의 음성은 우리에게 선택을 요구합니다. 핍박 가운데 있던 성도들에게 하나님의 말씀을 듣는 것은 소망이었고, 지키는 것은 승리였습니다. 지금 이 마음으로 다 같이 요한계시록 2-3장을 읽어 보세요. 그리고 오늘 주님이 나 자신에게 하시는 말씀이 무엇인지 나누어 보십시오.

이 말씀을 듣고 믿음의 두 발로 일어서십시오. 믿음의 찬송을 부르며 유혹을 걷어차십시오. 그래야 내 영혼이 살고 교회가 살고 주님이 영광을 받습니다. 우리 주님은 알파와 오메가요, 사망과 음부의 권세를 가지신 분입니다.

기도 Pray

주님, 요한계시록을 통해 우리의 모든 감각이 살아나길 소망합니다. 말씀을 읽는 것이 아니라 살아 계신 주의 음성으로 듣게 하시고 순종으로 반응하게 하옵소서. 화려한 세상의 권세와 권력은 우리의 눈과 귀를 압도하며 혼란스럽게 만듭니다. 그러나 이 예언의 말씀을 통해 알파와 오메가, 처음과 마지막이 되셔서 지금도 하늘 보좌에서 통치하고 계시는 그리스도의 놀라운 모습을 바라보게 하옵소서. 그리스도께서 시작하셨고 앞으로 이루실 하나님 나라를 기대합니다. 현재의 문제와 어려움에 낙심하지 말고 그리스도와 함께 승리할 수 있는 믿음을 주옵소서. 예수 그리스도의 이름으로 기도합니다. 아멘.

◇◇◇◇◇

주님, 주님의 말씀은 영원히 살아 있으며,

하늘에 굳건히 자리 잡고 있습니다

시 119:89, 새번역

The Word
Worship
Sealed
Witness
Perseverance
Judgment
Anticipation
The Kingdom

제2과

예배가 승리입니다

요한계시록 4장과 5장은 서로 나눌 수 없는 한 쌍입니다. 이 환상의 중심에는 하나님의 보좌와 하나님의 어린양이 있습니다.[1] 그 보좌 앞에서 펼쳐지는 천상의 예배는 요한계시록의 본질을 이루는 신학이 무엇인지를 알려 줍니다. 즉 창조주 하나님과 죽임당하신 하나님의 어린양은 온 세상을 통치하시며 우리로부터 완전한 예배를 받으시기에 합당하신 분이라는 것입니다.[2] 위협과 핍박 속에 있는 이 땅의 교회에 하늘 보좌를 보여 주시는 이유가 여기에 있습니다. 예배는 우리가 시작하고 끝내는 것이 아닙니다. 이 땅에서 예배를 드릴 때 우리는 이미 진행 중인 천국의 예배에 들어가는 것입니다. 그러므로 매 주일 드리는 우리의 예배는 하나님의 다스리심을 믿고 선포하는 승리의 함성입니다.

요한계시록 4-5장

"하나님은 핍박받고 있는 초대교회 성도들에게 무엇을 보여 주고 싶으셨을까요? 그 첫 장면은 천상에서 펼쳐지고 있는 하늘의 예배였습니다. 찬양받기에 합당하신 하나님과 보좌의 어린양께 드려지는 그 예배의 장면은 이 땅의 성도들에게 주님만을 예배하는 삶이 승리의 길임을 확신시켜 주는 계시였습니다. 또한 지금도 하늘 보좌에 앉아 온 세상을 통치하는 분이 하나님 한 분이심을 선포하는 순간이었습니다. 평생토록 하나님 한 분만을 예배하는 것이 그리스도인의 승리입니다."

요한계시록 4장의 시작은 일곱 교회를 향한 마지막 편지의 끝부분(3:20-22)과 이어집니다. 일곱 교회의 마지막 메시지는 우리 교회의 문과 마음의 문을 열어 주님을 모시고 살아야 한다는 것입니다. 우리가 문을 여는 순간 4장이 펼쳐집니다. 놀랍게도 요한계시록은 과거의 일을 소개하고 현재의 교회가 당하고 있는 일을 나누면서 앞으로 펼쳐질 미래를 보여 줍니다. 이제 우리 안에 들어오신 주님이 천국 문을 여시고 하늘에서 예배하는 그 놀라운 현장을

4장과 5장을 통해 보여 주십니다.

우리가 이 땅에서 예배하는 그 시간, 우리의 예배는 하늘의 예배와 연결됩니다. 요즘 어떤 마음가짐으로 예배에 임하나요? 혹시 습관적으로 형식적인 예배를 드리는 것에 익숙해 있지는 않습니까? 예배는 이 땅과 하늘을 연결해 주는 시간입니다. 하나님이 우리의 영혼을 깨워 주시는 시간입니다. 보좌에 앉으신 주님이 승리하셨음을 선포하고, 그 믿음으로 세상을 향해 나아갈 힘을 얻는 시간입니다. 이런 예배를 드리기 위해 우리는 어떤 태도로 예배에 나아가야 합니까?

4장
보좌에 앉으신 주님
The Lord Sitting on the Throne

── 하늘에 열린 문을 통해 하나님의 영광을 보여 주십니다.

1. 요한계시록 4장 1절을 읽어 보세요. 주님이 사도 요한에게 무엇을
   보여 주실 것이라고 말씀하십니까?

앞으로 일어날 일들을 보이겠다고 말씀하십니다. 사도 요한이
경험한 것처럼 우리가 문을 열고 모셔 들이는 순간 주님은 천국의
커튼을 열고 하늘의 예배를 보여 주십니다. 하나님을 믿는 사람들
에게 천국에서 어떤 일이 일어날지 보여 주시겠다고 약속한 것이
요한계시록입니다.

예수님은 천국의 커튼을 손으로 열어젖히고 우리에게 보라고
말씀하십니다. 사도 요한이 본 환상은 교회가 지키고 있는 주일예
배 장면이었습니다. 이 환상은 그들이 주일예배 때 하는 것이 얼
마나 영광스럽고 의미심장한 일인지 보여 줍니다.[3] 우리가 이 땅
에서 예배하는 그 시간, 우리의 예배는 하늘에서 드려지고 있는

천상의 예배와 연결됩니다. 비록 그리스도인들이 처한 현실이 힘들고 어려울지라도 결코 나쁘거나 잘못된 결론으로 가는 길이 아님을 이 예배를 통해 보여 주시려고 합니다. 핍박이 가해지는 세상이지만, 예수님은 앞으로 일어날 전체 그림을 보여 주시며 하늘에 속한 사람들은 핍박과 고난 가운데 있음에도 믿음을 지키며 사는 것이 값진 삶임을 확신시켜 주십니다. 그래서 이 땅의 두려움을 이겨 나가도록 돕는 책이 바로 요한계시록입니다.

── 주님을 바라볼 때 세상이 두렵지 않습니다.

>   2. 요한계시록 4장 2절을 읽어 보세요. 하나님이 외치신 한 단어는 무엇인가요? 그리고 왜 그렇게 해야 할까요?

- -

요한계시록에는 '보라'는 단어가 47회나 나옵니다. 하늘 문이 열리고 사도 요한은 보좌를 봅니다. 환상을 본다는 것은 놀라운 일입니다. 그러나 여기서 주의할 것이 하나 있습니다. 하나님은 우리에게 하늘 문을 열어 주실 수 있습니다. 영적인 선한 목적을 가지고 환상도 보게 하실 수 있습니다. 그분의 음성을 개인적으로 듣게 하시기도 합니다. 그러나 말씀이 없다면 혼돈에 빠질 수 있습니다. 말씀이 기준입니다. 말씀이 바로 하나님의 음성이며,

그 말씀 위에서 다른 것들을 볼 줄 알아야 합니다. 은사도 마찬가지입니다. 만약 다른 사람과 함께 일할 수 없고, 공동체를 살리는 데 기여하지 못할 은사라면 하나님이 주신 것인지 점검해 봐야 합니다. 성령의 모든 은사는 교회를 살리고 개인을 살리는 목적으로 주시기 때문입니다. 성령의 은사가 와도 공동체를 깨뜨리고 독불장군이 되고 교만해진다면 둘 중 하나를 의심해 봐야 합니다. 은사가 다른 것에서 온 것이거나 자신의 관점이 잘못된 것입니다. 이때 말씀으로 점검하는 것이 아주 중요합니다. 말씀이 완전한 계시이기 때문입니다. 말씀보다 앞서지 말아야 합니다. 그렇다면 이제 펼쳐지게 될 환상, 이미지를 어떻게 해석해야 할까요? 두 가지입니다. 말씀 안에서 해석하고 복음 중심으로 보아야 합니다.

우리는 각자의 자라난 환경과 경험을 통해 저마다 다른 '인생이라는 안경'을 끼고 있습니다. 책, 노래, 문화, 우리가 만난 선생님 등이 이 안경을 만들어 냅니다. 이 안경으로 모두가 다르게 세상을 바라봅니다.[4] 그러나 우리는 모두 요한계시록 4장과 5장을 통해 새로운 안경을 쓰고, 새로운 눈으로 이 세상을 바라봐야 합니다. 보면 두렵지 않기 때문입니다. 단어 '보라'는 '보는 순간 놀라서 지르는 외침'일 수도 있지만, 하나님이 우리가 듣기를 바라며 '간곡하게 권면'하시는 것일 수도 있습니다. 보면 두렵지 않기 때문입니다.[5]

그러나 우리의 경험을 토대로 세상을 보고 로마제국의 힘과 권력을 바라본다면 두려운 마음이 듭니다. 돈과 성공이 왕처럼 군림하는 이 세상을 바라보면 믿음을 버리는 것이 유익해 보이고 돈을 좇으며 살아가는 것이 마땅해 보입니다. 그런 우리에게 요한계시록은 하늘에 계신 보좌를 바라보라고 간곡하게 권면합니다. 그 보좌에 앉으신 분이 있습니다.

── 주님은 보좌에 앉아 이 세상을 다스리고 계십니다.

3. 역대상 29장 11절과 시편 47편 6-8절을 읽어 보세요. 하나님은 어떤 분이며 어디에 계시나요?

핍박과 죽음의 공포 아래서 당시의 그리스도인들은 보좌에 아무도 없다고 생각했습니다. 또한 사탄이 세상의 모든 권세를 가진 것이 아닌가 생각하기도 했습니다.[6] 그러나 주님이 보좌에 앉아 계십니다. 전 세계를 통치하는 곳이 보좌입니다. 모든 권세와 영광이 있는 곳이 보좌입니다. 그 보좌는 주님에 의해 붙들린 보좌입니다. 요한계시록 4장 2절은 "보좌 위에 앉으신 이(Someone is sitting on the Throne)"를 바라보라고 말씀합니다.

이것이 얼마나 우리의 마음을 뛰게 합니까! 그래서 시편 47편 6-7절은 온 땅의 하나님을 시(詩)로 찬양하라고 외칩니다. 8절은 그가 보좌에 앉으셨다고 설명합니다.

　베드로와 바울도 십자가에서 교수형을 당했습니다. 로마는 그리스도의 제자들을 점점 더 '혹독하게 대할(hostile)' 것입니다. 역사 기록에 따르면 도미티아누스 황제는 4만 명 이상의 그리스도인을 죽였습니다. 그러나 보좌에 앉으신 분이 있습니다. 주님이 전 세계와 우주를 다스리시며 권세와 능력의 주인으로 계십니다. 아무리 어려운 상황에 처해 있을지라도 그 보좌에 주님이 계신다는 것을 잊지 말아야 합니다.

　4. 요한계시록 4장 3절을 읽어 보세요. 보좌에 앉으신 주님을 무엇으로 표현합니까?

- -

　성경은 직접적인 표현보다 '같다(like)'를 사용해 주님을 표현합니다. 완전하신 하나님을 적합하고(adequately) 정확하게(accurately) 표현할 수 없기 때문입니다.[7] 무엇이라고 표현하는 순간 하나님을 제한하기에 상징으로 표현할 수밖에 없습니다. 벽옥(a jasper stone, 계 21:11에도 등장)은 영광과 위엄과 순결을 상징합니다. 출애굽기 28장 20절에 나오는 제사장의 의복을 떠올리게 합니다. 또한 홍보석(sardius)은 노란색부터 초록색까지 비치는 다양한 스펙트럼을 갖고 있기 때문에 심판과 구속을 상징합니다. 대제사장의 흉패에 붙여

넣던 보석이며 하나님을 대변하는 사람이라는 뜻입니다. 즉 벽옥과 홍보석은 하나님의 위엄을 표현하는 단어입니다. 무지개는 홍수 심판 이후 노아에게 주신 언약의 사인(sign)으로, 하나님의 자비(mercy)와 신실하심(faithfulness)을 상징합니다. 즉 거룩한 분이 추악한 자들을 환영하신다는 뜻이며, 그래서 돌아가기에 안전합니다(The holy one welcomes the unholy-"It is safe to come.").[8] 바로 이 하늘의 환상은 하나님의 보좌가 역사를 통치하는 곳임을 알려 줍니다.[9] 우리 주님이 그곳에 앉아 계십니다.

— 혼돈과 무질서를 심판하고 바로잡으시는 하나님을 모든 성도가 예배합니다.

5. 요한계시록 4장 4절을 읽어 보세요. 보좌 곁에 몇 명의 장로가 있고, 그들은 무엇을 하고 있습니까?

- -

'이십사'라는 숫자가 등장합니다. 구약의 이스라엘 열두 지파와 신약의 예수님을 따르는 사도 열두 명을 합한 숫자입니다. 각각 예수님이 오시기 전의 교회와 예수님이 오신 후의 교회를 뜻합니다. 그러므로 이십사 장로는 앞으로 하나님 나라에 들어가게 될 모든 성도를 대표합니다.[10] 이십사 장로들이 흰 옷을 입고 하나님이 주신 금 면류관의 상급을 받고 앉아 있습니다. 흰 옷을 입었다는 것은 하나님 나라에는 정결함을 받은 자만이 들어갈 수 있다는 뜻입니다. 머리에 쓴 금관은 하나님이 죽도록 충성하며 믿음을 지킨 자(이기는 자)에게 상급으로 씌워 주시는 생명의 면류관입니다. 그리고 보좌에 앉으신 주님께 예배드리는 모습을 보여 줍니다. 이들이 보좌에서 할 수 있는 일은 주님을 예배하며 그분을 높여 드리는 것입니다. 천국에 가면 우리는 지금보다 더 놀랍고 살아 있는 예배를 드릴 것입니다. 이 환상을 봄으로써 그 감격을 지금 우리가 조금이라도 맛볼 수 있습니다. 찬양할 때 보좌에 앉으신 주님을 바라보며 예배하면 땅에서 하늘 문이 열린 예배를 오늘도 드릴 수 있습니다. 그 사람은 그날 낙심에서 일어나고, 죽을 것 같은 일을 만났으나 살아날 것입니다.

6. 요한계시록 4장 5절을 읽어 보세요. 보좌로부터 들려오는 소리는 무엇을 상징할까요? 하나님을 일곱 등불과 일곱 영으로 표현한 이유가 무엇일까요?

요한계시록에서는 구약성경이 250번 넘게 인용됩니다. 4장 5절 말씀은 하나님이 시내산에서 임재하실 때의 모습을 상기시킵니다(출 19:16). 이스라엘 백성이 시내산에 올라오려고 할 때 어느

선 이상으로는 올라오지 못하게 합니다. 우리가 의롭다 함을 입지 않고는 주 앞에 가면 죽습니다. 보좌로부터 들려오는 소리는 하나님의 임재가 있음을 보여 주며 선하지 않은 것과 모든 악한 것을 심판하신다는 상징입니다. 누가 하나님 앞에 설 수 있습니까? 아무도 그분 앞에 설 수 없음을 선포하는 것입니다. 일곱 등불은 출애굽기 25장 37절에 나오는 성막의 일곱 등잔과 비슷합니다. 요한일서 1장 5절에는 "하나님은 빛이시라 그에게는 어둠이 조금도 없으시다"고 말씀합니다. 일곱 등불은 하나님의 일곱 영입니다. 일곱 영은 완전하신 주의 영이 완전히 계시며 완전한 도움이 되신다는 뜻입니다.

7. 요한계시록 4장 6절을 읽어 보세요. 성경에서 바다는 무엇을 상징할까요?

수정과 같은 유리 바다에 대한 기독교의 전통적 해석은 두 가지입니다. 첫째, 바다는 하나님 앞에 나아갈 때 우리가 씻음을 입어야 한다는 뜻입니다. 성막에 들어갈 때 가장 먼저 만나는 물두멍처럼 정결하지 않으면 들어갈 수 없다는 뜻입니다. 출애굽기 30장 18-21절을 읽어 보면 그 의미가 확실해집니다. 유리 바다는 우리를 깨끗하게 하는 세례가 필요함을 상징합니다. 둘째, 바다

는 하나님을 대적하는 모든 것을 대표하기도 합니다. 요한계시록의 후반부가 그렇습니다. 13장 1절을 보면 바다에서 짐승이 나옵니다. 바다는 악한 것들이 나오고 풍랑이 일고 요동치는 곳입니다. 그런데 수정같이 맑은 유리 바다가 있다고 말씀합니다. 하나님을 대적하는 모든 것과 혼돈과 무질서가 그분 앞에서 잠잠해지며 복종한다는 뜻입니다. 교회는 풍랑에 흔들리고 파도에 요동치는 작은 배와 같은 상황이었습니다. 사도 요한은 두려움에 압도당한 채 로마 시대를 살아가고 있는 일곱 교회와 그리스도인들에게 하나님을 바라보라고 말씀합니다. 보좌에 계신 주님을 보는 순간 풍랑은 잠잠해질 것입니다. 바다는 우리 성도들이 극복하고 넘어가야 할 곳이며, 약속의 땅 가나안 땅에 가기 위해 반드시 건너가야 할 홍해입니다.

8. 시편 89편 8-9절을 읽어 보세요. 주님의 능력을 어떻게 표현하고 있나요?

"주와 같이 능력 있는 이가 누구리이까"(시 89:8). 보좌에 앉으신 분을 이길 자가 아무도 없습니다(Nothing-including the sea-can overcome the One who sits on the Throne).[11] 그분 앞에 수정 같은 유리 바다가 놓여 있습니다. 모든 바다의 풍랑도 그분 앞에서는 잠잠해집니다. 혼돈이

이기지 못합니다(That chaos will not win).[12] 우리 주님이 이기십니다.

— 모든 피조물은 주님께 예배해야 합니다.

9. 요한계시록 4장 7절을 읽어 보세요. 어떤 동물이 등장하고, 각각의 동물은 무엇을 상징할까요?

- -

보좌 가운데와 보좌 주위에 있는 네 생물은 피카소나 샤갈의 그림을 연상시킵니다. 우리는 이를 무서워하지 않아도 됩니다. 복음을 완성해 가시는 과정의 상징이니까요. 복음 안에서 해석이 이루어져야 합니다. 눈이 가득하다는 것은 쉬지 않고 살핀다는 뜻입니다. 네 생물이 하나님의 심판 사역을 돕고 있습니다. 에스겔 1장 10절에도 네 생물이 등장하지만, 그 모습을 표현하는 것이 다릅니다. 이사야 6장도 그렇습니다. 그럼에도 모두 하나님을 경배한다는 공통점을 갖고 있습니다.

네 생물은 피조물을 대표합니다. 사자는 짐승의 왕으로서 용기와 왕적 권위를 보여 줍니다. 송아지는 가축의 왕이며 힘을 상징합니다. 사람은 만물의 영장이며 하나님의 형상과 지혜를 상징합니다. 독수리는 조류의 왕으로서 빠름을 대표합니다. 이상의 네 생물이 뜻하는 바는 하나님이 이 땅에 지은 모든 피조물이 그분을 경배한다는 것입니다. 한편 성 어거스틴(Saint Augustine of Hippo, 354-430)은 네 생물을 사복음서와 비교합니다.[13] 유대인의 왕으로 오신 이를 소개하는 마태복음은 사자입니다. 계층 고하를 막론하고 모든 사람을 구원하시기 위해 자신을 내어 주신 예수님을 소개하는 누가복음은 송아지입니다. 인간의 행적을 보여 주신 마가복음은 사람이고, 성육신으로 이 땅에 오신 예수님을 표현하는 요한복음은 독수리입니다. 다양한 견해가 있지만, 이 네 생물은 피조물을 대표하고 그들은 하나님 앞에 서 있습니다. 우리가 서 있어야 할 곳은 하나님을 높이는 자리입니다.

10. 요한계시록 4장 8-9절을 읽어 보세요. 네 생물이 쉬지 않고 예배한다는 것은 무슨 뜻일까요?

하나님은 모든 피조물을 표현하기 위해 네 생물을 사용하셨습니다. 피조물은 스스로 생명을 유지할 수 없는 존재입니다. 우리를 만드신 하나님만이 피조물의 생명을 유지하실 수 있으며, 멈추게 하실 수도 있습니다. 심지어 지금 고통을 주는 로마와 시저(Caesar)도 하나님의 피조물입니다. 주님이 멈추면 로마도 멸망할 수밖에 없습니다. 또한 모든 것을 창조하신 분이기에 하나님은 모든 것을 다시 창조하실 수 있습니다(계 21:5). "그런즉 누구든지 그리스도 안

에 있으면 새로운 피조물이라 이전 것은 지나갔으니 보라 새 것이 되었도다"(고후 5:17). 우리를 새롭게 하실 분은 보좌에 앉으신 주님밖에 없습니다. 그러므로 그분께 존귀와 영광과 감사를 세세토록 돌릴 수밖에 없습니다.

사도 요한은 그들이 밤낮 쉬지 않고 찬송하는 것을 목격합니다. 결코 하나님을 향한 예배를 멈추지 않습니다. 천국은 지금도 예배 중입니다. 몇 시에 예배를 시작한다고 해서 그때 예배가 시작되는 것이 아닙니다. 우리가 예배를 시작한다고 할 때 천국에서 계속되는 예배에 참여하여 함께 예배를 드리는 것입니다. 예배의 문을 여는 순간, 지금 천국에서 계속 드려지는 예배 안에 우리가 동참하는 것이며 똑같은 주님을 찬양하는 것입니다. 이것을 안다면 우리는 얼마나 더 감격적으로 예배하겠습니까?

네 생물이 드리고 있는 찬양의 의미를 짚어 보면 다음과 같습니다.

"거룩하다 거룩하다 거룩하다."

이것은 하나님의 가장 근본적인(essential and fundamental) 속성(attribute)입니다. 그리고 완전 숫자인 세 번을 반복합니다.

"주 하나님 곧 전능하신 이여."

모든 권세를 가지신 분, 모든 악으로부터 건지실 주님께!

"전에도 계셨고 이제도 계시고 장차 오실 이시라."

시작이 있고 끝이 있습니다. 그 사이에 과정이 있습니다. 과거에도 일하셨고 장차 오셔서 아름답게 완성하실 분이 주님입니다. 지금 우리가 사는 이 시간은 그분이 통치하시는 현재입니다. 우리로 하여금 전능하신 하나님과 영원한 천국의 현재를 살게 하십니다. 이 감격과 그 믿음의 환상이 우리 가슴을 흔들고 있습니다.

"보좌에 앉으사 세세토록 살아 계시는 이에게 영광과 존귀와 감사를 돌릴지어다."

하나님만이 이 찬송을 받으실 분입니다.

— 예배가 있는 곳에 승리가 있습니다.

11. 요한계시록 4장 10-11절을 읽어 보세요. 진정한 예배의 의미는 무엇일까요?

10절에 나오는 "엎드려"라는 말씀처럼 우리는 하나님 앞에서 겸비할 수밖에 없으며, 예배는 그분 앞에 엎드리는 것입니다. 믿음으로 산 영적 승자에게 하나님은 금 면류관을 보상으로 주십니다. 그리고 모두 자기 면류관을 다시 보좌 앞에 드립니다. 주님을 뵙는 순간 우리에게 주셨던 모든 영광을 주께 돌려 드리는 것입니다. 왜냐하면 우리가 한 것이 하나도 없기 때문입니다. 그분의 은혜와 십자가의 사랑이 우리를 승리하게 하여 그 보좌 앞으로 인도

하셨기에 모든 영광을 하나님께 올려 드려야 합니다. 주의 이름을 높이는 것은 천국을 연습하는 것이며, 천국을 사는 것입니다.

초대교회 성도들은 당시 그들 눈앞에 놓여 있던 권력의 상징인 황제의 흉상, 건물, 신전들과 끊임없이 싸워야 했습니다. 요한계시록은 하나님 나라의 비전과 상징을 그림처럼 보여 주며 그리스도인들의 마음에 용기를 심어 주었습니다. 주님이 펼쳐 주시는 이 장면은 두렵게 만들었던 이 세상의 힘과 권력의 상징을 그리스도인의 마음에서 제거해 줍니다.[14] 그 장면의 중심에는 주의 보좌가 있습니다. 보좌를 바라보며 예배하는 것이 우리의 믿음이 살수 있는 길입니다. 이런 기초 위에서, 유진 피터슨은 예배의 기능을 다음과 같이 부연합니다.

"예배는 중심을 잡는 행위입니다. '나'에게서 '하나님'에게로 옮겨 가는 것입니다. 하나님 중심에서 벗어나지 않고 언제나 그분 중심으로 살아가게 합니다. 예배가 없으면 우리는 남을 조종하거나, 남이나 다른 것에 의해 조종당하는 삶을 살게 됩니다."[15]

예배가 없으면 욕망을 찾아 이리저리 헤맬 수밖에 없습니다. 그러나 예배가 살면 우리 영이 살고 삶에 질서가 잡힙니다. 모든 인생의 바다가 잠잠해집니다. 예배가 있는 곳에 승리가 있습니다.

5장
찬양받기에 합당하신 주님
The Lord Who Is Worthy of Our Praise

—— 우리를 위해 죽으시고 다시 사신 어린양 예수님만이 우리의 구
원자이십니다.

12. 요한계시록 5장 1절을 읽어 보세요. 오른손에 들려 있는 두루마리
는 무엇일까요?

- -

이 책(the scroll, 두루마리)에는 이 세상의 미래가 담겨 있습니다.
'일곱 인'은 하나님 계획의 완전성(the completeness)을 뜻합니다.[16] 지
금 로마가 지배하고 있지만 완전하신 하나님의 계획이 두루마리
에 글로 정확하게 기록되어 있다는 뜻입니다. 세상에 대한 하나님
의 계획이 글로 쓰여 있는데, 이는 혼돈 뒤의 질서가 있다는 뜻입
니다.[17] 오른손에 이 책이 있다는 것은 하나님의 주권을 상징하며
아무도 빼앗을 자가 없다는 뜻입니다.

13. 요한계시록 5장 2-5절을 읽어 보세요. 일곱 인을 떼서 두루마리를 펼칠 수 있는 분은 누구인가요?

힘 있는 천사가 필요한 이유는 소리 높여 외쳐야 하기 때문입니다. 그리고 놀라운 사실이 선포됩니다. 이것을 펼칠 만한 권위와 지혜와 도덕적 탁월함을 가진 이가 없다고 말씀하십니다. 우리는 오른손에 붙들고 계신 하나님의 계획을 함부로 열어 볼 수 없습니다. 달려가서 그것을 열 만한 권위와 위엄과 능력을 갖춘 자, 하나님 앞에서도 심판받지 않는 순결한 자는 이 땅 위에 없습니다. 우리 모두를 겸손하게 만드는 말씀입니다. 이것을 보고 나서 사도 요한은 울고 또 울고 크게 웁니다. 그 인이 떼어지지 않고 그 운명의 두루마리가 열리지 않으면 우주를 향한 하나님의 계획은 좌절될 것입니다. 사도 요한은 절제할 수 없는 울음을 터뜨리고 맙니다.[18] 핍박받는 교인들에게 빨리 하나님의 계획을 보여 줘서 승리하도록 하고 싶은데 아무도 열 자가 없기 때문입니다. 이십사 장로 가운데 하나가 울지 말라고 권합니다. 유대 지파의 사자 다윗의 뿌리가 이겼고, 이 책과 일곱 인을 떼실 것이니 울지 말라고 말합니다. 그 두루마리의 일곱 인은 예수님만이 떼실 수 있고, 예수님이 떼어 주실 것입니다.

14. 요한계시록 5장 6-7절을 읽어 보세요. 어린양이신 예수 그리스도
   는 어떻게 묘사되나요?

'일곱 뿔'은 완전한 능력, '일곱 눈'은 완전한 지혜를 뜻합니다. 그런데 여기서 주목할 것은 그분을 보니 죽임을 당하신 양이라는 점입니다. 헬라어로 양은 두 가지입니다. amnos(어른이 된 양), arnion(어린양)입니다.[19] 본문에서는 죽임을 당하신 어린양으로 표현합니다. 사자가 어린양이 됐습니다. 이 세상을 정복하신 유다의 사자는 죽임을 당하심으로 이기십니다. 어떻게 죽임을 당하신 분이 승리하셨을까요? 십자가 위에서 죽으심으로써 이 세상을 이기는 길을 여십니다. 십자가에서 어린양으로 완전히 죽으심으로써 사탄의 모든 계획을 무너뜨리십니다. 자신의 생명을 내어 주심으로 이기셨습니다. 그리고 죽임을 당한 후 부활하신 그 어린양이 네 생물과 이십사 장로 가운데 서 계십니다. 바로 이 예수 그리스도가 로마제국의 힘없는 교회 한가운데 서 계신 것입니다. 지금 연약한 우리의 교회 가운데 서 계시고, 세상에서 돈과 유혹과 죄악과 싸우며 오늘을 살아가고 있는 모든 성도의 심령 한가운데 어린양 예수께서 살아 계십니다. 이분만이 일곱 인을 여는 권세와 능력과 순결함을 갖고 계십니다. 예수 그리스도는 하나님과 동등하게 된 삼위일체 하나님이시기 때문에 그분의 보좌에서 두루마

리를 취하십니다. 요한계시록을 읽으면 복음이 더 확실해집니다. 예수님을 통해 구원이 이루어진다는 것을 선명하게 보여 줍니다. 다른 구원자가 절대 설 수 없습니다. 종교다원주의는 설 자리가 없습니다.

── 기도와 찬송으로 승리의 주님을 예배합니다.

15. 요한계시록 5장 8절을 읽어 보세요. 향으로 표현된 성도들의 기도를 왜 보여 주실까요?

- -

하나님 앞에 성도들의 기도가 있는데, 이를 향으로 표현하고 있습니다. 우리가 기도하면 그것은 향이 되어 주님 앞으로 갑니다. 성도들의 기도를 하나님께 올려드리는 것은 후기 유대 사고에서 공통적으로 갖고 있던 개념이었습니다.[20] 우리가 아프리카를 위해 기도하면 우리의 기도가 향이 되어 그 땅으로 갑니다. 기도는 침투성을 갖고 있습니다.[21] 우리의 기도가 가면 하나님이 응답하십니다. 로마의 핍박 아래 있는 성도들에게 예배하게 하시고 기도하게 하십니다. 우리에게 예배의 자리로 나아가고 감격으로 하늘의 예배를 회복하라고 하십니다. 그리고 기도로 그 모든 것을 아뢰라고 말씀하십니다. 하나님이 성도들의 기도를 받으시고 응답하실 것이기 때문입니다.

16. 요한계시록 5장 9-10절을 읽어 보세요. 새 노래를 부르는 이유는 무엇이고, 그 찬양의 내용은 무엇인가요?

구약에서 '새 노래'는 항상 적에 대한 하나님의 승리를 찬양하는 표현이었습니다. 때론 하나님의 창조에 대한 감사를 고백하기도 했습니다. 여기에서 '새 노래'는 악과 죄의 권세를 이기신 것을 찬송하고 있습니다.[22] 주님은 새 일을 행하실 분이기에 새 노래를 올려 드립니다. 주님의 손에 들려 있는 새로운 역사를 펼치실 분은 예수님이기 때문입니다. 가슴이 터지는 찬송입니다. 그런데 놀라운 반전이 있습니다. 그분이 바로 일찍이 죽임을 당하신 어린양이라는 사실입니다. 죽으심으로써 그 피로 우리를 사서 하나님 앞에 갖다 드리십니다. 그 가운데 우리가 있습니다. 이스라엘만이 아니라 각 족속과 방언과 백성을 부르십니다. 모든 나라의 사람을 부르십니다. 이 모든 사람을 부르신 하나님께 우리가 해야 할 것은 찬송과 영광밖에 없습니다.

17. 에베소서 2장 5-7절을 읽어 보세요. 우리는 어디에 있습니까?

우리 모두는 이 땅에 살지만 우리의 신분은 그리스도 옆에 앉아 있습니다. 그리스도인이 된다는 것은 조건적으로(conditionally) 여전히 이 세상 속에서 살아가야 하지만 신분상으로(positionally) 예수 그리스도 안에서 하늘에 앉힌 바 되었음을 의미합니다. 우리는 이 세상에 있지만 하늘 보좌에 앉으신 분의 자녀입니다. 그러므로 문제 앞에서도 믿음으로 왕의 자녀답게 살아갈 줄 알아야 합니다. 우리는 예수님의 피 값으로 하나님의 보좌에 앉혀진 성도이기 때문입니다. 그 믿음과 담대함으로 세상을 살아가는 것이 그리스도인의 삶입니다.

18. 요한계시록 5장 11-12절을 읽어 보세요. 천사들이 찬송하는 내용은 무엇인가요?

천사들이 큰 음성으로 이른 내용은 능력과 부, 지혜, 힘, 존귀, 영광, 찬송입니다. 완전 숫자인 일곱 개의 단어로 찬양합니다. 하나님은 완전한 찬양을 받기에 합당하신 분입니다. 찬양이 보좌 안과 밖에서 터져 나옵니다. 그분이 누구인지 알기 때문입니다. 이것이 예배입니다. 그런데 당시 로마에서는 이들 단어를 황제에게 사용하고 있었습니다. 이 단어를 모두 주님에게서 가져왔음을 보여 줍니다. 참된 예배는 황제에게 바쳐져야 할 것이 아니라 예수 그

리스도께 바쳐져야 한다는 것을 알려 주는 것이 요한계시록의 예배입니다.

그리스도인들은 집 밖에 나갈 때마다 수많은 그리스 신전과 로마 황제를 숭배하는 제단 같은 시각적 권세를 마주할 수밖에 없었습니다. 보면서 두려움에 사로잡힌 사람들에게 주님은 시각적으로 하나님 나라와 보좌와 권세를 보여 주십니다. 그것을 보여 주심은 우리가 두려워하는 로마의 권세들을 우리 가운데서 다 없애버리기 위함입니다. 영의 눈을 열어 주님을 보게 하셔서 두려운 그 자리에서 승리하게 하십니다. 일곱 개 찬양은 하나님만이 받으시기에 합당합니다. 지금도 역사를 주관하시고 우리 앞에 어떤 일을 펼쳐 나가실지 우리에게 알려 주시는 성부 하나님, 성자 예수 그리스도, 성령님께만 찬양을 돌리는 것이 예배입니다. 이 예배를 통해 쓰러진 자들이 일어나고 핍박받는 성도들이 다시 일어설 수 있습니다. 이 시대의 성도들은 천국을 꿰뚫어 보고 지옥의 위협을 받는 환경에서 날마다 살아가고 있었습니다. 당시에 주일마다 모여 주님을 찬양하고 그분의 생명을 받곤 했던 사람들은 로마제국에서 가장 건강한 신자들이었습니다.[23] 5장의 앞부분에서 눈물을 흘렸던 사도 요한은 후반부에 이르러 천사들의 찬양하는 모습을 보며 기뻐합니다. "복음의 영광은 하나님이 요한과 우리와 함께 울어 주시고, 그 비극을 승리로 바꾸신다는 것입니다. 그분은 약속한 대로 반드시 이루시는 분입니다."[24]

1. 하늘의 예배를 시각적으로 보여 주신 이유는 무엇일까요?

우리가 드리는 예배가 하늘에서도 드려지고 있습니다. 우리가 이 땅에서 예배를 시작한다는 것은 천국의 예배 속으로 들어가는 것입니다. 천국의 예배에 참여하는 것입니다. 우리는 견디기 어려운 고난이 닥칠지라도 보좌에 앉아 계신 주님을 바라보아야 합니다. 그분을 예배함으로써 그분 편에 서는 것이 승리임을 믿고 살아가길 바랍니다.

2. 고난 가운데서도 예배해야 하는 이유는 무엇일까요? 고난 중에 예배를 드리는 것이 승리임을 확신하십니까?

하나님은 이 고통스러운 현실에서 보좌에 앉으신 주님만을 바라보고 예배하면서 이기는 성도가 되라고 말씀하십니다. 요한계시록은 우리를 지나친 이상주의로 안내하지 않습니다. 장차 펼쳐질 하나님 나라의 영광스러운 승리 때문에 지금 당장 모든 것이 좋아지리라고 말하지 않습니다. 또한 이 승리의 영광을 바라보며, 그것을 마치 진통제처럼 오늘의 고통을 잊게 만들려는 환상적인 도구로 사용하지도 않습니다. 오히려 이 세상의 고난은 여전하며 더 커질 것이라고 알려 줍니다. 싸우다가 자칫 목숨을 잃을 수도 있습니다. 그러나 그것도 승리입니다. 우리가 여전히 주님을 붙들고 의지하고 싸워야 하는 이유는 그리스도께서 승리하셨기 때문입니다. 요한계시록은 그분이 보좌 위에 계시고, 우리에게 그분을 예배하면서 그 승리를 누리게 될 것을 믿고 믿음의 길을 걸어가라고 말씀합니다. 이 세상을 벗어나려 하지 않고 이 땅에서 비전을 품으며 믿음으로 승리하는 용사를 만들어 내는 책이 요한계시록입니다.

기도 Pray

주님, 로마제국과 같은 거대한 힘과 핍박이 우리 삶을 짓누르고 있습니다. 믿음의 여정은 풍랑에 요동치는 돛단배와 같습니다. 비록 이 싸움에서 고통당하고 상처를 입고 심지어 죽음까지 경험한다고 해도 포기하지 않고 끝까지 싸우겠습니다. 지금도 하늘 보좌에 계신 그리스도께서 우리를 이미 그 자리에 앉혀 주셨음을 믿기 때문입니다. 하와의 후손으로 오셔서 뱀의 머리를 깨뜨리신 분, 아브라함의 후손으로 오신 분, 유다의 자손과 이새의 뿌리로 오신 분, 다윗의 후손으로 오신 예수 그리스도를 이길 자가 아무도 없습니다. 예수님이 승리하셨으며, 하나님이 이 세상을 다스리실 것입니다. 주님만을 찬양합니다. 어린양의 승리를 거두시고 보좌에 앉아 계신 주님만을 바라보고 예배하며 승리하는 삶을 살게 하옵소서. 예수 그리스도의 이름으로 기도합니다. 아멘.

◇◇◇◇◇

생각하건대 현재의 고난은
장차 우리에게 나타날 영광과 비교할 수 없도다

롬 8:18

The Word
Worship
Sealed
Witness
Perseverance
Judgment
Anticipation
The Kingdom

제3과

하나님의 소유됨이 승리입니다

요한계시록에는 숫자가 자주 등장합니다. '십사만 사천(144,000)'이라는 숫자는 영적 깨달음도 주었지만 잘못 해석함으로 많은 문제도 일으켜 왔던 숫자입니다. 이것은 세상에서 불러내어 하나님의 영적 군대로 삼으신 성도들을 표현하는 완전한 숫자를 상징하고 있습니다. 이 성도들은 어린양 예수 그리스도의 피로 구속된 자들이며 성령의 인치심을 받은 자들입니다. 위로부터 쏟아지는 피할 수 없는 하나님의 심판이 임할 때 그것으로부터 온전히 보호받을 사람은 인치심을 받은 사람들밖에 없습니다. "그날에 누가 능히 서겠느냐?"라는 요한계시록의 말씀 앞에서 설 수 있는 사람은 오직 그리스도의 은혜 아래 있는 자들입니다. 당신은 하나님의 인치심을 받은 자입니까?

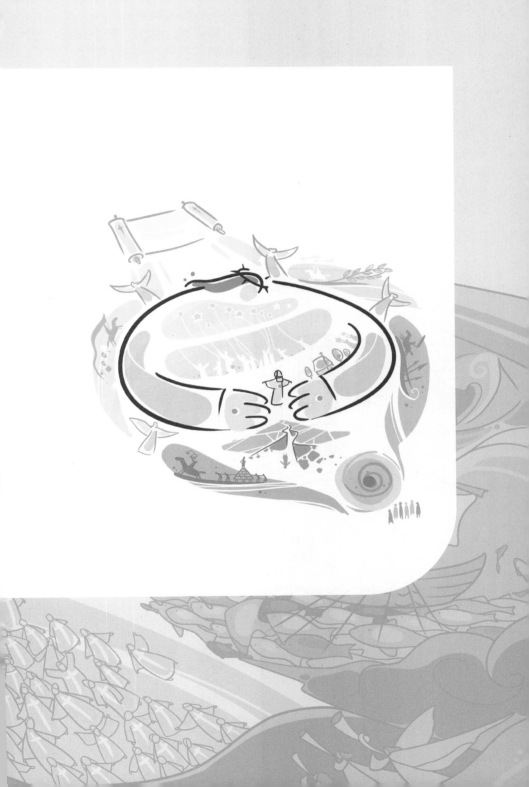

요한계시록 6-7장

"하나님 나라가 가까이 다가올수록 사탄과 악한 세력들은 더 강하게 저항하며 이 세상을 혼란에 빠뜨립니다. 하나님은 구원받는 자가 더 많아지기를 기다리며 참고 계십니다. 우리는 보좌에 앉아 다스리시는 어린양을 바라보며 믿음으로 고통과 핍박을 이겨 내야 합니다. 구원받은 자는 성령의 인치심(seal)을 받은 하나님의 소유된 백성으로, 환난과 심판 가운데서도 안전합니다. 그러므로 역사의 어둠과 고통을 뚫고 찾아올 그날의 영광스러운 모습을 소망하며 믿음을 지키며 살아가는 것이 신앙의 길입니다."

— 6-7장에 들어가기에 앞서 유의할 사항

6-7장의 전체 주제는 '인치심'입니다. 그런데 대부분의 사람은 요한계시록을 읽다가 이 시점에서 읽기를 포기합니다. 도대체 본문이 무엇을 의미하고 상징하는지 이해할 수 없기 때문입니다. 어떻게 해야 올바르게 해석할 수 있을까요? 다음 세 가지에 유의하

고 읽으면 도움이 될것입니다.

첫째, 〔도표 1〕에서 보듯 전체 흐름을 파악하면서 이해해야 합니다. 상징이 나오는 말씀에서는 그 단어에 빠지지 말고, 성경 전체의 흐름에서 이것이 무슨 뜻인지 살펴볼 때 바르게 해석할 수 있습니다. 처음에 등장하는 네 말의 경우에도 각각의 특징을 살피는 것도 중요하지만 '전체 네 말을 통해 주시려는 말씀이 무엇일까' 하는 것을 헤아려 본다면 그 의미를 잘 이해할 수 있습니다.

〔도표 1〕 1-7장의 흐름

말씀 (The Word)	그리스도 (The Christ)	보좌 (The Throne)	인치심 (The Seal)
1장	2-3장	4-5장	6-7장
일곱 촛대	일곱 교회	하늘의 예배	일곱 인

6-7장은 일곱 인을 하나씩 떼어 열어 주시는 말씀입니다. 이 말씀 역시 요한계시록의 한 부분이며, '이 세상에서 어떤 일이 일어날 것인지'를 잘 설명해 주고 있습니다. 일곱 인을 통해 보여 주는 장면들은 지금 이 세상에서 일어나고 있는 일들이 왜 일어나는지를 설명해 줍니다. 그리스도인들이 핍박을 받고 세상의 권세와 악의 세력이 이기는 것처럼 보이는데, 왜 그런 일들이 이 땅

에서 일어나는지 이유를 말씀해 주십니다. "모든 일은 눈에 보이는 것과 같지 않다는 것을 기억하십시오(Remember: things are not as they seem)."[1]

둘째, "보좌에 앉으신 이"의 다스림 아래서 펼쳐지는 상황으로 이해해야 합니다. 6장은 4-5장의 관점, 즉 보좌에 앉으신 어린양의 그림을 가지고 보아야 제대로 이해할 수 있습니다. 4장은 눈에 보이는 이 세상의 흐름과는 반대로, 하나님은 지금 온 우주를 통치하는 권세를 가지고 계신다는 말씀입니다. 5장은 그 보좌에 앉으신 이의 오른손에 일곱 인으로 봉해진 책이 들려 있고, 그 책에는 이 세상의 역사와 의미, 우리 모두의 이야기가 들어 있다는 말씀입니다. 여기에는 이 세상을 창조하신 목적과 의도하신 역사의 성취까지 모두를 포함합니다. 하나님 나라를 이 땅에 이루게 하실 계획이 담겨 있습니다.[2] 주님의 손에 하나님 나라의 마스터플랜이 들려 있습니다. 이 두루마리 책을 주님이 봉인(Seal)하고 계신다는 말씀은 소유권에 대한 것입니다. 하나님이 우리 인생의 역사와 온 세상의 역사를 소유하고 계신다는 뜻입니다. 우리와 우리 자녀의 모든 미래를 하나님이 붙들고 계시는데, 이것을 믿고 살아가라는 것입니다. 그리고 이것을 열면 하나님의 역사가 펼쳐집니다. 6장에서는 그것을 펼치시겠다고 말씀합니다.

셋째, 복음 중심으로 요한계시록을 읽어야 합니다. 로마서 1장 4-5절 말씀을 토대로 복음을 짧게 정의하면 "예수님이 죽으셨고 다시 사셨습니다"라고 말할 수 있습니다. 복음의 의미는 우리 주님이 승리하셨다는 것이고, 복음의 역사적 완성이라는 관점에서 요한계시록에 접근해야 합니다.

〔도표 2〕를 보면 예수님이 오신 사건은 하나님 나라가 이 역사 가운데 들어오신 사건입니다. 하나님 나라를 친히 보여 주셨는데, 예수님 자신이 하나님 나라의 성전이기에 이 땅에 뚫고(break in) 들어오신 것입니다. 예수님이 오신 때(초림, The First Coming)부터 다시 오실 때(재림, The Second Coming)까지 그사이를 종말이라고 부릅니다. 이것이 요한계시록 전체 그림이며, 우리가 사는 이 세상의 역사 가운데 하나님 나라가 오고 있음을 보여 줍니다. 그리고 하나님 나라가 이 땅에 임하게 될 때 세상은 저항하고 대적할 것이라고 알려 줍니다.

〔도표 2〕요한계시록의 메시지[3]

요한계시록에는 하나님 나라와 그것에 대해 저항하는 세상이

충돌하는 이야기가 담겨 있습니다. 그 과정에서 사탄과 악의 세력이 흥하는 것처럼 보이고 그리스도인들은 갖은 핍박을 받습니다. 마지막이 다가올수록 그 공격은 더 심해지고 영적 전쟁은 더 치열해집니다. 그러나 그런 악의 세력도 하나님의 권세 아래 있다는 것을 잊어선 안 됩니다. 요한계시록은 이 모든 악의 세력이 심판받는다는 것을 반복적으로 말씀합니다. 결국 마지막 부분에서 새하늘과 새 땅이 우리 앞에 내려오는 모습으로 성경은 대단원의 막을 내립니다. 예수님을 믿고 '칭의' 받은 성도들은 예수님을 믿은 그날부터 자신 안에서 끊임없는 영적 전쟁이 일어납니다. 주님이 우리를 완전히 변화시켜 '영화'가 일어날 때까지 그럴 것입니다. "매일 요한계시록을 살고 있다"고 말할 수 있습니다. 이 과정에서 이길수록 '성화'가 되고, 패할수록 세상의 붙들림 가운데 있게 됩니다.

6-7장은 하나님 나라와 이 세상이 충돌하는 이야기가 시작됨을 보여 줍니다. 마치 악이 이기는 것처럼 보여도 두려워할 필요가 없습니다. 여전히 주님이 주권으로 우리를 붙들고 계시기 때문입니다. 그래서 요한계시록은 단어 '보라'를 자주 반복합니다. 헬라어 원문으로는 '오라(come)'라는 뜻이 있습니다. 핍박이 강해지고, 그리스도인들이 아무것도 아닌 것처럼 밀려나면서 악이 승리하는 것처럼 보입니다. 전쟁과 기근과 재앙이 밀려옵니다. 그러나 하나님 나라가 올 것입니다(The Kingdom come). 모든 피조물은 하나

님의 구원을 기다리며 보좌에 앉으신 어린양의 오심을 구해야 합니다. 하나님 나라가 이 땅에 세워질 날을 알기에 보좌의 중심에 앉으신 어린양에게 "주님 오십시오, 어서 오십시오"라고 소리쳐야 합니다. 이것이 바로 요한계시록입니다. 요한계시록 전체는 동사 '오십시오(come)'라는 괄호 안에 들어가 있는 셈입니다.[4]

이것이 복음 중심으로 읽는 요한계시록의 흐름입니다. 이 땅에 사는 우리 모두는 이 세상을 바라보며 주님의 오심을 사모하고 기대해야 합니다. 또한 그날의 영광을 바라보며 현재 당하고 있는 고난을 넉넉히 이겨 나갈 것을 권면하는 것이 요한계시록의 말씀입니다.

> 생각하건대 현재의 고난은 장차 우리에게 나타날 영광과 비교할 수 없도다 롬 8:18

들어가기 Intro

하나님 나라가 가까이 올수록 사탄이 일으키는 전쟁과 기근과 질병은 심해집니다. 병든 이 시대를 바라보면서 교회가 해야 할 사명을 무엇이라고 생각하십니까? 성도로서 어떤 신앙과 태도를 가지고 살아야 할지 생각해 보십시오.

6장
일곱 인
The Seven Seals

— 하나님 나라가 다가올 때 사탄과 악의 세력들은 더 강하게 저항
합니다.

일곱 인 가운데서 앞의 네 개 인을 뗄 때 네 종류의 말이 차례
대로 등장하는 환상을 보여 주십니다. 이들 말의 의미와 이어지는
역사의 내용이 무엇인지를 생각해 보겠습니다.

1. 요한계시록 6장 1-2절을 읽어 보세요. 첫 번째 인을 뗄 때 나타난 흰
   말과 그 말을 탄 자의 모습은 무엇을 상징할까요?

- -

흰 말은 기독교 역사에서 두 가지로 해석되어 왔습니다. 첫 번
째는 그리스도로 보는 해석입니다. 왜냐하면 요한계시록 19장
11절이 오실 그리스도를 상징하기 때문입니다. 반면 두 번째는 전
쟁으로 이 세상을 정복하려는 이 세대를 상징한다고 봅니다. 6장
전체를 보여 주는 큰 그림으로 본다면 뒤이어 나오는 모든 말과
마찬가지로 마지막 때 주님의 오심에 저항하는 일에 앞장서는 네

말 가운데 한 말로 보이기 때문입니다. 두 가지 해석 가운데 어느한쪽이 100 퍼센트 맞다고 주장할 수는 없습니다. 첫 번째 인을 그리스도로 볼 경우 마지막 인을 뗐을 때 보이는 성도들의 기도와잘 연관됩니다. 세 말과 악한 세력들이 그리스도와 성도의 기도사이에 끼어 있다고 볼 수 있기 때문입니다. 복음이 성취되어 가는 역사와 흐름에 따라 흰 말을 해석하기 때문에 이런 해석도 수용 가능합니다. 그러나 성경을 연구하고 전공하는 사람들의 보편적 해석은 그리스도로 보지 않습니다. 네 말을 모두 같은 부류로보고 있습니다. 오실 그리스도에 대해 적대적인 싸움을 벌이는 이세상의 악한 세력으로 해석하는 것이 보편적 관점입니다.

특별히 신약학자 윌리엄 바클레이(William Barclay, 1907-1978)는 로마 시대의 상황을 고려하면 더욱 그런 해석이 가능하다고 주장합니다.

"활은 군사력을 상징한다. 로마 시대에 그들에게 수치를 안겨준 파르티아인이 동쪽에 있었는데 그 사람들은 활을 잘 쏘기로 유명했다. 파르티아 화살(Parthian shot)이라는 말이 있을 만큼 그 당시활은 무서운 공격을 의미할 때 사용했다. 그러므로 백마와 그 위에 활을 가지고 탄 자는 군사와 승리를 뜻한다. 여기에 인류가 인식하고 배우기에 오래 걸린 것이 있다. 군사적 승리는 항상 매력적인 것으로 인정되어 왔으나 그것은 항상 비극을 가져왔다. 요한은 처음으로 백마와 그 위에 활을 가진 말 탄 사람을 보았는데, 이는 군사적 승리의 비극적인 환상이다."[5]

실제로 여기에 나오는 단어 '정복'은 영어 'conquest'로 번역되어 있는데, 이 단어는 예수님께 사용하는 단어 '승리'와는 다릅니다.[6] 오히려 요한계시록의 뒷부분에서는 악한 짐승에 사용되고 있습니다.

> 2. 요한계시록 9장 7절과 스가랴 1장 8-15절을 찾아 읽어 보세요. 두 본문에서 말은 어떤 의미로 묘사되나요?

요한계시록 9장 7절을 보면 사탄의 도구(agents)가 "전쟁을 위하여 준비한 말들 같고"라고 표현합니다. 12-13장에서는 사탄과 그의 세력을 거짓과 기만으로 이 땅을 정복하려는 권세로 묘사하는데, 그 모습이 그리스도를 닮은 듯하다고 설명합니다. 마태복음 24장을 보면 예수님이 오실 때 많은 사람이 나와 자신이 그리스도라고 주장하는 거짓 메시아가 등장할 것을 경고합니다. 그런 점에서 첫 번째 등장하는 흰 말은 그리스도처럼 꾸민 악한 권세를 상징합니다.[7] 또한 사도 요한은 이 네 말의 표현에 대해 스가랴 1장 8-15절 말씀을 마음에 두고 있는 것처럼 보입니다. 그렇다면 6장 2절에 나오는 "면류관을 받고"는 무슨 뜻일까요? 그는 권세를 가진 자가 아니라 하나님께 허락받은 자라는 뜻입니다. 악한 권세도

주님의 통치 아래에 있으며, 그들 역시 하나님 나라가 임하는 역사를 바꿀 수 없습니다.

3. 요한계시록 6장 3-4절을 읽어 보세요. 둘째 인을 뗄 때 나타난 붉은 말은 무엇을 상징할까요?

첫 번째 흰 말은 정복(conquest), 두 번째 붉은 말은 싸움(strife)을 뜻합니다. 이 세상에서 펼쳐질 전쟁을 상징하며 화평을 제하여 버립니다. "그 탄 자가 허락을 받아"는 앞선 2절과 마찬가지로 주권은 오직 주께 있으며, 사탄의 세력은 허락을 받아 활동하고 있다는 뜻입니다. 그리고 서로 죽일 수 있는 큰 칼을 받았습니다. 붉은 말의 색깔은 피를 상징하며, 이는 어린양의 왕권에 대항하며 자신을 내세우는 존재입니다. 주님의 나라가 가까이 올수록 이 세상에는 심각한 전쟁이 일어납니다. 스가랴서 14장 13절 말씀처럼 모든 사람의 손이 자기 이웃의 손에 적대하고 대항하는 때가 옵니다. 이것이 말세에 대한 유대인의 개념입니다. 이 환상은 모든 인간관계가 깨지고 전쟁에 따른 극심한 소용돌이가 앞으로 더 강력하게 일어나리라는 것을 보여 줍니다.[8]

4. 요한계시록 6장 5-6절을 읽어 보세요. 셋째 인을 뗄 때 나타난 검은

말과 그 말에 탄 자의 손에 들린 저울은 무엇을 상징할까요?

저울은 경제적 위기와 기근을 상징합니다(scarcity). 말세에 주님
이 오시는 이 역사 가운데 기근과 경제적 불평등, 부자와 가난한
자의 격차가 갈수록 커진다고 말씀합니다. 구체적인 설명이 6절에
나옵니다. 저울을 가진 이가 나타나서 요즘 보수가 얼마인지 설명
합니다. "한 데나리온"은 하루 일한 품삯이고, "밀 한 되"는 하루 먹
을 양식입니다. 온종일 일해도 가족을 부양하기는커녕 자기 혼자
먹을 양밖에 구할 수 없는 상황입니다. 이것은 아무것도 없는 기
근이 아니라 부분적으로 기근이 일어나며, 경제적 어려움과 불평
등이 계속되리라는 것을 말해 줍니다.[9] 심지어 "감람유와 포도주
는 해치지 말라"는 부자들은 건드리지 말라는 뜻입니다. 부자들은
먹을 것이 많아서 걱정할 것이 없습니다. 이런 현상이 우리 사회
에서 나타나리라고 말씀합니다.

5. 요한계시록 6장 7-8절을 읽어 보세요. 넷째 인을 뗄 때 나오는 청황
색 말은 무엇을 상징할까요?

청황색 말은 영어로 'a pale horse(창백한 말)'입니다. 사망(death)을

상징하며, 음부가 그 뒤를 따르고 있습니다. "땅 사분의 일의 권세를 얻어"는 하나님이 그의 활동을 제한해 놓으셨다는 설명입니다. "검과 흉년과 사망과 땅의 짐승들로써 죽이더라"는 이 땅에 많은 사람의 죽음이 오리라는 끔찍한 모습을 예고합니다.

네 가지 말을 통해 정복, 전쟁, 기근, 죽음을 보여 주신 이유는 무엇일까요? 하나님 나라에 대한 저항입니다. 하나님 나라가 올 때 사탄의 세력과 하나님을 거부하는 사람들이 함께 저항하는 일들이 계속해서, 더 강력하게 일어날 것입니다.[10] 더 많은 사람이 주께 돌아가지 못하도록 막을 것입니다. 오늘 우리도 지금 그 자리에서 살아가고 있습니다.

—— 하나님은 한 사람이라도 더 구원받기를 바라며 기다리고 계십니다.

6. 요한계시록 6장 9절을 읽어 보세요. 다섯째 인을 떼자 무엇이 보입니까?

말씀을 지키며 증거하고 살다가 죽임을 당한 순교자들(suffering)과 성도들의 영혼이 제단 아래에 있는 것이 보입니다. "제단 아래"는 레위기 4장 7절에 나오는 말씀입니다. 제단은 희생제물의 피를

쏟는 곳입니다. 그들은 자신의 목숨을 주께 내놓은 사람들로, 이 세상에서 그리스도를 위해 고난당하는 사람들을 대표합니다.[11]

> 7. 마태복음 24장 9절과 마가복음 13장 9-13절, 누가복음 21장 12-18절을 찾아 읽어 보세요. 하나님 나라가 다가올 때 성도들이 감당해야 할 고통과 순교는 어떤 것인가요? 예수님의 말씀을 직접 들어 보세요.

> 8. 요한계시록 6장 10-11절을 읽어 보세요. 죽임당한 영혼들이 탄원하는 것은 무엇이며, 그에 대한 하나님의 응답은 무엇입니까?

먼저 주 앞에서 피 흘려 죽은 순교자들이 주께 탄원하는 것을 우리에게 보여 줍니다. 그들은 보좌에 앉으신 채 이 모든 불의와 폭행을 참고 계신 하나님께 원수를 갚아 달라고 탄원합니다. 그런데 탄원으로 끝나는 것이 아니라 하나님은 11절에서 왜 놔두시는지 그 답을 보여 주십니다. "죽임을 당하여 그 수가 차기까지 하라"는 말씀이 바로 그것입니다. 이 말씀은 하나님이 단지 죽임을 당하는 사람이 많아지기 바란다는 뜻이 아니라 믿음을 지키는 사람

의 숫자가 많아져 한 영혼이라도 더 구원받기를 원하신다는 뜻입니다. 하나님은 더 많은 백성이 주 앞에 나올 날을 꿈꾸고 계시기 때문에 조금 더 기다려 달라는 것입니다. 사도행전 14장 22절과 데살로니가전서 3장 3, 7절을 보면 이런 환난과 고통을 통해 우리가 하나님 나라에 들어가게 되리라고 말씀합니다.

── 하나님의 심판이 다가올 때 우리 주님이 오고 계시니 두려워하거나 놀라지 마십시오.

9. 요한계시록 6장 12-17절을 읽어 보세요. 여섯 번째 인을 떼면서 일어나는 일들은 무엇을 예고하나요?

- -

순교자들이 탄원한 후 여섯 번째 인을 보여 주십니다. 이 땅에 지진이 일어나고 해가 상복같이 검게 되는데, 어두운 날이 오고 있음을 모든 사람이 알도록 해야 한다는 뜻입니다. 예수님도 제자들에게 이렇게 말씀하셨습니다. 마태복음 24장, 마가복음 13장, 누가복음 21장 세 복음서에 모두 나오는 내용입니다. "그때에 사람들이 너희를 환난에 넘겨주겠으며 너희를 죽이리니 너희가 내 이름 때문에 모든 민족에게 미움을 받으리라." 순교자들의 탄원에도 하나님이 아직 심판을 하시지 않는 이유는 더 많은 사람이 구원받기를 기다리시기 때문입니다. 그런데 주님은 오래 참으시지만 영원히 참지는 않으십니다. 반드시 심판의 날이 옵니다. 별들이 땅에 떨어지고, 너무나 큰 재앙이 오는 것을 모든 사람이 보면서 두려워 떨 날이 온다는 것입니다. 지진이 일어난 것처럼 숨을 수밖에 없는 상황입니다. 보좌에 앉으신 그분의 얼굴과 예수 그리스도의 진노 앞에서 우리를 좀 가려 달라고 부르짖는 날이 온다는 것입니다. 온 세계의 사람이 자신들이 망했다는 것을 모두 알 수 있는 심판이 온다는 것입니다.

여섯 번째 인은 우리에게 마지막 위기를 보여 줍니다. 지진(earthquake)과 하늘의 흔들림(heavenquake)이 함께 나타납니다. 전 우주가 흔들리는 이 심판은 외부에서 오는 것이 아니라 내부에서 비롯됩니다. 하나님이 그저 손을 떼실 때 우주는 그 자체로 몰락합니다. 주님이 다시 오실 것이기 때문입니다. 그러니 다른 신을 섬기고, 스스로 신이 되어 제멋대로 살아 보라는 것입니다. 하나님은 뒤로 물러나 사람들이 그것들을 붙들고 있도록 놔두시겠다는 뜻입니다. 결국 모든 것은 산산조각이 날 것입니다.[12]

그날에 하나님의 천사들이 "누가 능히 서리요"(17절)라고 외칠 것입니다. 그러나 아무도 없습니다. 마가복음 13장에도 이런 말씀이 반복됩니다. 히브리서 12장 26절의 "그 때에는 그 소리가 땅을 진동하였거니와 이제는 약속하여 이르시되 내가 또 한 번 땅만 아니라 하늘도 진동하리라"는 말씀처럼 그날에 전 우주의 종말이 선

포될 것입니다.[13]

여기에 그날이 오기 전까지 교회가 감당해야 할 사명이 있습니다. 그것은 그리스도의 통치가 오리라는 복음을 선포하는 것입니다. 이 세상에 이상한 일이 많이 일어나고, 이해할 수 없는 일이 상식처럼 벌어지고 있습니다. 윤리와 윤리 기준이 없어지고 있습니다. 그런데 보좌에 앉아 이 땅을 다스리고 계시는 어린양 주님이 "아무리 이 땅이 흔들리고 악이 성행해도 놀라지 말라. 내가 오고 있다, I'm coming"이라고 말씀하십니다. 주님이 오고 계십니다. 우리 모든 피조물이 할 수 있는 고백은 하나밖에 없습니다. "주님 오십시오. 이 땅에 오십시오. 아멘 주 예수여, 어서 오시옵소서." 이것이 요한계시록입니다. 하나님의 구원만이 소망임을 깨닫고 기다리는 것이 성경 말씀의 끝이자 요한계시록입니다. 마지막 심판이 올 때 누가 능히 설 수 있을까요? 하나님을 붙들지 않았던 자에게는 재앙이 따릅니다. 여섯 번째 인을 뗀 다음 이제 일곱 번째 인을 8장에 가서 여십니다. 일곱 번째 인을 떼기 전에 7장의 내용이 펼쳐집니다.

7장
인치심
The Seal: Before and After

밧모섬에서 이 글을 쓸 때 사도 요한은 목회자로서 교회들을 가슴에 품고 있었습니다. 그가 바라는 것은 남은 성도들이 끝까지 제자로서 살아가는 것이었습니다. 요한은 절대적 순종을 격려하기 위해 자신이 보고 들은 것을 쓰고 있습니다.[14] 7장에는 두 가지 장면이 등장합니다. 첫 번째 장면은 심판 전에 일어날 일입니다. 이것은 인치심입니다. 네 말의 환난과 마지막 재앙이 오기 전에 이들 성도를 인쳐 주신다는 것입니다. 이는 하나님의 자녀들을 이 재앙에서 반드시 보호하시겠다는 약속입니다. 우리가 하나님의 자녀 됨을 확인하려면 주님의 인치심이 있어야 합니다. 두 번째 장면은 이렇게 인침을 받는 사람들이 받게 될 하늘의 상급입니다. 우리 앞에 펼쳐지는 것은 하늘에서 어린양의 보좌 앞에 거하는 복입니다. 그곳에서 주님을 영광스럽게 예배하는 것입니다. 이 두 가지 계시는 이 땅에 대환난이 일어났을 때 우리가 다른 것과 타협하지 않고 주님을 따르도록 할 것입니다.[15] 요한계시록의 말씀을 통해 우리는 주님이 기뻐하시지 않는 습관과 마음에 거리끼는 것들을 끊어 버리는 도전 앞에 서게 됩니다.

──인치심은 하나님의 소유된 백성임을 뜻하며, 예수 그리스도를 믿는 사람은 이미 성령의 인치심을 받은 자입니다.

10. 요한계시록 7장 1-3절을 읽어 보세요. 네 천사는 누구를 위해 바람을 막아 주고 있나요?

네 천사가 땅의 사방을 붙잡고 바람이 땅이나 바다, 각종 나무를 흔들지 못하게 합니다. 우리의 이성과 감정으로는 상상할 수 없는 장면이 펼쳐집니다. 전 세계에 험한 바람이 불어오는 것을 천사들이 막아 주고 있습니다. 누구를 위해 천사들은 이 재앙을 막고 있을까요? 3절에 "하나님의 종들"이라는 표현이 나옵니다. 엄청난 재앙을 쏟아 붓기 전 하나님은 천사들을 통해 종들을 지키십니다. 하나님의 백성이나 자녀라는 표현을 사용하지 않고 종이라는 단어를 사용한 이유는 인을 치는 것과 관련이 있기 때문입니다. 구약시대에 "나는 이 집의 영원한 종이 되겠다"라고 하면 그의 귀를 뚫었습니다. 영어 단어 인치심(seal)은 소유권을 뜻합니다. 천사가 가지고 오는 것은 살아 계신 '하나님의 인'입니다.[16] 재앙이 오기 전에 한 명이라도 더 구원하기 위해 하나님은 인을 쳐서 그분의 소유됨을 확증하십니다.

11. 에베소서 1장 13-14절을 찾아 읽어 보세요. 예수님을 믿는 우리에게 또 다른 인침이 필요할까요?

디모데후서 2장 19절에 나오는 하나님의 인은 "주께서 자기 백성을 아신다"는 것을 뜻합니다. 소유권은 보호를 수반합니다.[17] 예수 믿는 사람은 이미 인침을 받았으므로 의심을 품고 또다시 인침을 받으려는 자세는 옳지 않습니다. 에베소서 1장은 우리가 예수님을 믿을 때 성령으로 말미암아 인침을 받는다고 분명히 말씀하고 있습니다. 예수님의 보혈이 우리를 덮고 있으면 안전합니다. 이처럼 인침을 받은 사람들은 대환난이 오기 전에 이미 주님의 보호 아래 있으므로 우리는 두려울 것이 없습니다. 왜냐하면 그것이 우리에게는 구원의 심판, 소망의 심판이기 때문입니다. 주님이 다시 오시는 날을 두려워하는 자가 아니라 기쁨으로 주님을 맞이하는 성도가 되어야 합니다.

── 하나님은 헤아릴 수 없이 많은 사람이 구원받기를 원하십니다.

12. 요한계시록 7장 4-8절을 읽어 보세요. 주님이 오시기 전에 인침을 받는 숫자는 몇 명이고, 그 숫자는 무엇을 상징할까요?

주님이 오시기 전에 인침을 받는 숫자는 십사만 사천 명입니다. 주의해야 할 것은 성경 전체의 흐름을 놓친 채 상징을 상징으로 보지 않고 오늘날 일어나는 일로 해석해 버리는 문자주의입니다(number literalism). 12 곱하기 12는 144입니다. 앞의 12는 열두 지파이고 뒤의 12는 예수님의 제자인데, 이는 구약의 성도와 신약의 성도를 상징합니다. 즉 이 땅의 모든 믿는 자를 가리킵니다. 12의 12에다가 10을 세 번 곱하면 144,000이 나옵니다(12×12×10×10×10). 이것은 히브리어로 완전한 숫자를 뜻합니다. 이 숫자를 통해 자꾸 이단이 나오는 이유는 십사만 사천 명만 구원받으면 끝난다고 해석하는 문자주의 때문입니다. 요한계시록에 나오는 "이 숫자는 통계가 아니라 상징"입니다.[18] 숫자 십사만 사천은 하나님이 흡족해할 만한 숫자로 예수님을 믿는 모든 사람, 헤아릴 수 없는 수많은 백성을 상징합니다. 바로 이것이 주님이 원하시는 숫자입니다.

5절부터 열두 지파를 소개하면서 유다를 처음에 등장시킵니다. 원래 구약에서 신약까지 어느 성경에도 르우벤을 먼저 말하지 않은 데가 없습니다. 그런데 여기서만 유다가 처음에 등장합니다. 유다가 바로 예수님이 오신 지파이기 때문입니다. 하나님은 이스라엘의 의미를 바꾸시고 열두 지파의 의미를 뛰어넘는다는 것을 보여 주십니다. 원래 열두 지파를 계산할 때 레위 지파는 들어가지 않는데, 본문을 보면 레위 지파를 넣었습니다. 단과 에브라임이 빠진 채 레위와 요셉이 들어갔습니다. 우리가 이해해 왔던 열두 지파를 뛰어넘는다는 말은 유대인의 숫자가 아니라는 뜻입니다. 유대인만 숫자로 세는 것이 아니라 모든 이방 나라 사람이 동참하게 되는 숫자를 말합니다. 열두 지파는 요한계시록 21장 12절에 나오게 될 새 예루살렘을 상징합니다. 새 예루살렘에 열두 지파의 이름이 적혀 있는데, 이것은 이스라엘뿐 아니라 모든 나라와 족속이 주께 돌아온다는 것을 보여 줍니다. 사도 요한은 지금 새 이스라엘을 보여 주고 있습니다.[19] 숫자 십사만 사천 명을 실제 숫자로만 여기는 것은 위험합니다. 144,000명이란 숫자와 모든 지파는 하나님이 이 세상에서 불러내어 그의 영적 군사로 세우신 성도들의 완전 숫자를 상징합니다. [20]

13. 로마서 8장 35절과 요한복음 10장 29절을 찾아 읽어 보세요. 인침 받은 자들을 주님에게서 끊을 자가 있을까요?

예수님을 믿을 때 성령님이 인쳐 주십니다. 그리고 하나님께 인침을 받은 성도이며 자녀이고 종인 우리는 환난 날에 하나님의 보호하심을 받습니다. 환난을 비롯해 곤고, 박해, 기근, 적신, 위험, 칼도 우리를 그리스도의 사랑에서 끊을 수 없습니다. 아무도 빼앗을 자가 없습니다. 어떤 일이 일어나도 우리는 주님의 것입니다. 이것이 인침을 받은 성도들의 은총입니다. 우리는 이미 상징의 숫

자 십사만 사천 명에 속한 자이며 인침을 받은 자입니다. 이에 대한 확신을 요한계시록 7장이 심어 주고 있습니다.

14. 요한계시록 7장 9절을 읽어 보세요. 예수님을 믿는 사람들이 심판 후에 하는 일은 무엇인가요?

앞선 절에서 더 많은 사람이 인침을 받도록 천사들이 심판 오는 것을 막습니다. 이제 "아무도 능히 셀 수 없는 큰 무리"는 십사만 사천 명입니다. 모든 나라와 족속, 백성이 자기 나라 말로 모두 모입니다. 흰 옷을 입고 손에 종려 가지를 들고 보좌 앞과 어린양 앞에 섭니다. 이것이 예수님을 믿는 사람들이 심판 후에 할 일입니다. 각 나라 백성이 하나님께 드리는 영광스러운 예배입니다. 필 무어(Phil Moore)는 이 부분을 '모든 나라(every nation)'라는 제목을 붙여 다음과 같이 설명합니다.

"이 비전과 환상을 보면서 우리는 함부로 말하고 있는 무슬림 세계 또는 접근하기 어려운 미전도 종족에 대한 우리의 말을 멈추어야 합니다. 이 땅의 모든 세계는 그리스도께 속해 있기 때문입니다. 주님은 모든 나라와 백성과 방언이 그분의 통치 앞에 무릎 꿇게 될 것을 결정하셨습니다."[21]

이 땅의 세계는 모두 주님의 것으로 주님이 일하십니다. 우리는 그 일에 단지 쓰임 받을 뿐입니다.

—어린양 예수님의 피에 자신을 씻은 사람은 하나님 나라의 영광
스러운 예배에 참여하게 될 것입니다.

15. 요한계시록 7장 10-17절을 천국에 들어와 있는 심정으로, 주님
    앞에 서서 드릴 예배의 감격을 가슴에 품고 큰 목소리로 읽어 보겠
    습니다.

13절에는 결정적 메시지가 담겨 있습니다. 한 장로가 모여 있
는 이 사람들이 다 누구이며, 어디서 왔느냐고 묻습니다. 14절 말
씀처럼 어린양 예수님의 피에 자기를 씻은 사람들입니다. 예수 그
리스도가 자신의 모든 죄를 위해 죽임을 당하신 어린양이라는 것
을 진심으로 믿은 사람만 환난에서 살아남습니다. 오직 예수의 피
밖에 없습니다. 요한계시록은 복음 중의 복음입니다.

앞으로 이런 일들이 우리에게 일어날 것입니다. 이 영광스러운
예배에 참여하게 될 날이 이 역사의 어둠과 고통을 뚫고 찾아올
것입니다. 우리는 지금 어떤 고난 앞에 서 있습니까? 혹시 돈을 좇
으며 죄, 유혹과 타협하고 있지는 않습니까? 이보다 더 큰 위험과
유혹이 우리 앞에 닥칠 때 보좌에 앉으신 주님을 바라보라고 말씀

합니다.

> 자녀들아 너희는 하나님께 속하였고 또 그들을 이기었나니 이는 너희 안에 계신 이가 세상에 있는 자보다 크심이라 요일 4:4

이 땅에 일어나는 수많은 악을 보고 인정하지만 두려워하지는 말라고 말씀합니다. 오늘 이렇게 고백하길 원합니다. "주님, 어서 오십시오. 지금 힘들게 싸우고 있습니다. 주님의 오심을 기대합니다. 아멘 주 예수여, 어서 오시옵소서!"

1. 당신은 인침을 받은 하나님의 소유된 백성임을 확신합니까? 그 근거는 무엇입니까? 또한 대환난이 닥칠 때 그것이 당신에게 구원의 심판이며, 소망의 심판이 될 줄로 믿습니까?

우리 모든 신앙의 근거는 하나님의 말씀입니다.

2. 인침을 받은 백성으로서 살아갈 때 그렇지 않은 사람과 다른 것이 있다면 무엇인가요?

요한계시록을 읽고 나면 우리의 신앙생활에 적용과 도전이 따라야 합니다. 예수님을 믿으면서도 예수 믿는 사람답지 않은 것들이 있다면 요한계시록을 읽다가 이런 것을 끊어 버리는 은혜가 있어야 합니다. 주님 앞에 서게 될 그날을 바라보면서 다시 우리의 옷깃을 여미고 경건한 삶의 걸음을 내딛지 않겠습니까? 요한계시록은 이런 계시를 보여 주면서 우리가 어떻게 살아야 할지 도전하게 합니다.

보좌 가운데 계신 어린양이 우리 삶의 목자가 되어 주시고 생명수 샘으로 인도하시니 그 은혜에 감사드립니다. 우리는 모두 성령의 인침을 받은 하나님의 종이고 백성이며 자녀입니다. 지금 삶 가운데 많은 고통과 고난을 겪고 있습니다. 그러나 자식을 잃은 아픔도, 남편을 잃거나 아내를 잃은 고통도, 심지어 죽을병에 걸렸을지라도 주님만 바라보고 찬송하며 예배하겠습니다. 핍박과 고난 가운데서도 예수님을 붙들고 견딘 모든 성도가 흘린 눈물을 주님이 씻어 주실 것입니다. 그날을 바라보며 오늘을 살아가는 하나님의 종이 되게 하옵소서. 또한 하나님의 소유된 백성으로 인침을 받은 그리스도인답게 잘못된 행실과 습관을 벗어 버리고, 다가올 환난과 심판을 소망으로 맞이하는 준비된 삶을 살게 하옵소서. 예수님을 기다리며 믿음을 지키고, 하나님의 종으로서 예배하고 찬송하며 말씀을 붙들고 매일 승리하는 삶을 살겠습니다. 예수 그리스도의 이름으로 기도합니다. 아멘.

◇◇◇◇◇

그들이 다시는 주리지도 아니하며 목마르지도 아니하고

해나 아무 뜨거운 기운에 상하지도 아니하리니

이는 보좌 가운데에 계신 어린양이

그들의 목자가 되사 생명수 샘으로 인도하시고

하나님께서 그들의 눈에서 모든 눈물을 씻어 주실 것임이라

계 7:16-17

The Word
Worship
Sealed
Witness
Perseverance
Judgment
Anticipation
The Kingdom

제4과

회개와 증인의 삶이 승리입니다

고난이 오면 피하고 싶은 것이 사람의 본능입니다. 그리스도를 따르는 길에 핍박이 올 때 교회와 성도는 어떤 선택을 해야 할까요? 하나님은 요한계시록을 통해 먼저 부분적 심판을 보여 주십니다. 이것이 일곱 나팔의 시작입니다. 앞으로 있을 완전한 심판이 오기 전에 회개하라는 하나님의 경고입니다. 하나님의 역사를 거역하며 왜곡시키는 사탄의 횡포에 사람들이 병들어 가고 있습니다. 그 흐트러진 역사를 바르게 잡아 줄 분은 하나님 한 분이시며, 그분의 계획이 작은 두루마리에 적혀 있습니다. 이 역사의 결론을 담고 있는 작은 두루마리, 그것은 바로 하나님의 말씀입니다. 핍박에도 불구하고 세상 앞에서 이 말씀을 전하는 것, 역사 앞에서 이 사명을 다하는 것, 그것이 교회와 성도의 영원한 승리입니다.

요한계시록 8-11장

"하나님은 총체적 심판이 일어나기 전에 부분적 심판으로 회개를 촉구하십니다. 이 땅의 불신자들과 자기 마음대로 살아가는 사람들의 영혼을 깨우기 위한 목적이 일곱 나팔 소리에 담겨 있습니다. 우리는 주의 말씀을 먹고 영혼의 양식으로 삼아 그리스도인답게 이 땅을 걸어가야 합니다. 세상은 계속해서 주의 말씀을 비웃고 교회와 성도를 핍박하며 죽입니다. 그러나 주님의 생기로 부활하여 두 발로 다시 일어설 것입니다. 또한 성도의 모든 기도는 하나님이 반드시 역전된 뇌성으로 응답하신다는 것을 잊어선 안 됩니다. 하늘 보좌에서 세상을 다스리시는 주님을 바라보며 오늘도 믿음의 길을 걸어가기 바랍니다."

로마제국의 심한 핍박과 목숨에 대한 위협에도 초대교회 교인들이 믿음을 지키며 살아갈 수 있었던 비결은 무엇일까요? 그리스도께서 하늘 보좌에 오늘도 앉아 계시고, 주님을 향한 아름다운 하늘의 예배가 지금도 드려지고 있습니다. 요한계시록이 이 놀라운 광경을 눈으로 바라보도록 도와주었기 때문입니다. 8-11장 역시 아무것도 가진 것 없던 초대교회 성도들이 로마제국의 박해와 고난 가운데서 승리의 삶을 살 수 있었던 또 하나의 답을 알려 줍니다.

— 요한계시록 8-11장을 어떻게 읽어야 할까요?

8-11장은 하나님의 부분적 심판과 교회가 겪을 핍박과 승리를 다루는데, 많은 상징과 이미지로 그려내고 있습니다. 이 말씀을 바르게 이해하려면 다음의 세 가지를 이해하고 읽어야 합니다.

첫째, 하나님이 펼쳐 나가실 역사 속에서 이해해야 합니다. 〔도표 3〕에서 보는 것처럼 부활 승천하신 후 하나님의 보좌 우편에 앉아 계신 예수님은 이 땅의 모든 악을 징벌하시기 위해 다시 오실 것입니다.

〔도표 3〕 요한계시록의 그림, 세상과 하나님 나라의 충돌[1]

초림 (The First Coming)	'두 세계의 충돌'	재림 (The Second Coming)
칭의 (Justification)	성화 (Sanctification)	영화 (Glorification)

종말

세상   VS.   하나님 나라
(The World)   (The Kingdom of God)

예수님이 다시 오실 때까지, 즉 하나님 나라가 우리 역사 가운데 점점 가까이 다가올수록 이것을 막기 위한 악의 저항은 더욱 거세집니다. 이것이 요한계시록이 서 있는 시점입니다. 우리 개개인도 마찬가지입니다. 한 사람의 인생으로 보면 예수님을 믿게 되는 그날 구원이라는 칭의 사건이 일어납니다. 그리고 주님이 다시 오실 때 우리를 영화로운 몸으로 바꾸어 하나님 나라에 참여시키는 놀라운 축복으로 인도하실 것입니다. 칭의와 영화 사이에서 신앙생활의 여정이 펼쳐지는데, 이것을 성화의 과정이라고 부릅니다. 요한계시록의 종말적 전투가 우리 각자의 인생에서도 영적 전쟁으로 일어나고 있습니다. 이것이 바로 요한계시록이 기록된 역사적 시점입니다. 하나님을 더 의지하면서 말씀을 붙드는 사람일수록 매일 멋진 승리를 거둘 것입니다.

둘째, 요한계시록의 전체 흐름 가운데서 8-11장을 이해해야 합니다. 〔도표 4〕를 보면 1장에서는 "예수 그리스도의 계시라"는 말씀을 주십니다. 일곱 촛대는 일곱 교회라고 말씀하시며, 이 말씀을 읽고 듣고 지키는 자는 복이 있다고 선포하십니다. 2-3장에서는 일곱 교회의 모습을 보여 주시면서 그리스도가 교회의 한가운데 서 있음을 잊지 말고 예수님을 모시고 사는 교회가 될 것을 부탁하십니다. 마지막 라오디게아 교회를 향해서는 "내가 문 밖에 서서 두드리노니"라는 말씀으로 그 문을 열고 주님을 모셔 들여서 승리하는 교회가 되라고 권면하십니다. 그리고 예수님을 모셔 들인 교회들을 향해 천국의 커튼을 열어 주시며 4-5장의 감격스러운 하늘의 예배를 보여 주십니다. 6-7장은 오직 예수님만이 일곱 인을 떼실 수 있는 분임을 분명히 밝히고, 일곱 인을 떼실 때 앞으로 일어날 하나님의 심판을 펼쳐 보입니다. 그러나 그 어떤 재앙이 닥쳐도 하나님의 인치심을 받은 자는 해함이 없으리라는 약속도 함께 보여 주십니다. 예수님을 믿는 자들은 구원받고 성령의 인치심을 받은 자들입니다. 일곱 인에 이어서 또 다른 심판과 재앙인 일곱 나팔이 8-11장에 등장합니다. 이런 전체적인 흐름 속에서 요한계시록을 이해해야 합니다.

〔도표 4〕 1-11장의 흐름

말씀 (The Word)	그리스도 (The Christ)	보좌 (The Throne)	인치심 (The Seal)	두 증인 (Two Witnesses)
1장	2-3장	4-5장	6-7장	8-11장
일곱 촛대	일곱 교회	하늘의 예배	일곱 인	일곱 나팔

셋째, 요한계시록의 재앙을 읽다 보면 동일한 패턴이 있음을 발견합니다. 〔도표 5〕를 보면 6-7장과 8-11장의 두 재앙을 기록하는 패턴이 똑같습니다.[2] 먼저 여섯 개의 인, 여섯 나팔을 소개합니

다. 첫째부터 넷째까지는 모두 신속하고 짧게 소개합니다. 반면 다섯째, 여섯째 인과 나팔의 내용은 조금 더 길어집니다. 그리고 일곱째를 말씀하시기 전에 반드시 삽입 글이 들어갑니다. 마치 간주곡(interlude) 같습니다. 6-7장에서는 재앙을 말씀하시다가 7장에서 하나님의 자녀들을 인쳐 주신다고 말씀하십니다. 하늘의 예배와 감격스러운 장면을 보여 주시고, 8장 1절에서야 일곱째 인을 떼는 것이 등장합니다. 8-11장도 마찬가지입니다. 여섯 나팔이 울려 퍼지면서 각각 어떤 일이 일어날지 예고하고 나서 일곱째 나팔이 울리기 전 11장 끝 사이에 삽입 글이 하나 들어갑니다. 여기에는 두루마리(작은 책)에 대한 이야기와 두 증인의 이야기가 소개됩니다. 이런 식으로 삽입 글을 넣는 패턴을 보이는 이유가 무엇일까요? 하나님의 엄청난 재앙과 심판 가운데서도 성도들은 천국의 영광과 소망이 있음을 복음처럼 보여 주기 위해서입니다. 핍박당하면서도 믿음을 지키는 성도들은 이 편지를 읽으면서 영적으로 감격하고 힘을 얻을 것입니다.

"하나님은 여전히 보좌에 앉아 계시고, 그리스도는 여전히 만물의 중심에 계시며, 그분의 백성을 누구도 멸할 수 없습니다(God is still on the throne, Christ is still at the center of all things, and his people are indestructible)."3

6-7장 일곱 인(Seals)	8-11장 일곱 나팔(Trumpets)
여섯 개의 인(6장)	여섯 나팔(8-9장)
삽입 글(7장): 인치심 (Interlude: The Seal)	삽입 글(10장): 두루마리 (Interlude: The Scroll)
하늘의 예배	두 증인(Two Witnesses)
일곱째 인을 떼심(8장 1절)	일곱째 나팔(11장)

들어가기 Intro

지금 겪고 있는 문제와 어려움을 돌아보십시오. 혹시 지금 하나님이 당신에게 가장 원하시는 것이 무엇이라고 생각합니까? 짧게 마음속의 고백을 나누어 보십시오.

8장
일곱 나팔 1: 부분적 심판
The Seven Trumpets 1: Partial Judgment

　일곱 인 가운데서 넷째 인까지는 흰 말, 붉은 말, 검은 말, 청황색 말이 차례로 등장하며 네 종류의 심판이 예고됩니다. 다섯째 인은 순교자, 믿음을 지킨 성도들의 죽음을 보여 주며 "하나님! 어느 때까지 이 악한 사람들을 심판하지 않고 놔두실 것입니까"라는 그들의 탄원 소리를 들려줍니다. 그때 하나님의 대답은 믿음으로 살다가 죽은 사람의 수가 더 많이 차야 한다는 것이었습니다. 구원받을 사람의 숫자가 더 늘어나길 기다리신다는 뜻입니다. 여섯째 인이 열리며 하나님이 심판을 예고하실 때 "진노의 큰날이 이르렀으니 누가 능히 서리요"라는 말씀이 들려옵니다. 인침을 받은 자만이 설 수 있습니다. 십사만 사천 명의 상징적 숫자가 말하듯, 하나님이 흡족해하실 만큼 수없이 많은 사람이 인침을 받아야 합니다. 그들은 심판을 견디고 보좌 앞과 어린양 앞의 영광스러운 예배에 참여할 것입니다.

— 아무리 작고 초라한 기도일지라도 하나님은 반드시 응답하십니다.

1. 요한계시록 8장 1-4절을 읽어 보세요. 일곱째 인이 떼어질 때 무슨 일이 일어납니까? 그리고 천사가 하나님 앞으로 갖고 올라간 것은 무엇일까요?

아무 재앙도 일어나지 않습니다. 반 시간쯤 침묵만 흐릅니다. 일곱째 인은 재앙이 아니라 침묵입니다. 8장 2절을 보면 침묵과 적막이 흐른 뒤 일곱 인에서 일곱 나팔로 자연스럽게 전개됩니다. 그렇다면 반 시간의 고요함은 어떤 시간일까요? 순교자들과 성도들의 기도가 하나님께 올라가는 시간입니다. 천사는 우리의 모든 기도를 금 향로에 담아 주께 올려 드립니다. 교회가 핍박을 견뎌 낼 수 있었던 또 하나의 이유는 바로 성도들의 기도였습니다. 요한계시록이 기록될 당시 초대교회 교인들은 자신들의 기도를 하나님이 반드시 들으신다는 확신을 가지고 기도했습니다.[4] 하나님이 우리의 말을 경청하시는 것은 우리에게 말씀하시는 것보다 더 경이로운 일입니다.[5] 침묵의 반 시간은 하나님이 우리의 기도를 들으시는 시간입니다.

2. 요한계시록 8장 5절을 읽어 보세요. 향로와 불이 상징하는 것은 무엇일까요?

향로를 받으신 하나님이 그것에 제단의 불을 담아 주십니다. 성도들의 기도에 성령의 불을 담아 이 땅에 다시 쏟으신다는 뜻입니다. 우리가 기도한 것이 그냥 돌아오는 것이 아니라 성령의 불의 응답을 받아 이 땅의 역사 속으로 되돌아옵니다. 천사가 던진 기도의 향로가 우리가 사는 이 세상에 떨어지면서 엄청난 번개와 지진이 일어납니다. 아무리 작고 미약한 이들의 기도일지라도 하나님은 응답하십니다. 그들의 작은 기도에 하늘나라의 뜨거운 성령의 불을 붙이셔서 이 땅의 모든 소리를 잠잠케 하실 뇌성처럼 놀라운 응답을 우리가 사는 현장으로 던져 주십니다. 윌리엄 바클레이는 이 장면을 "기도의 뇌성 소리"라고 표현했습니다.[6] 유진 피터슨은 한 시인의 용어를 빌려 "역전된 뇌성(The reversed thunder)"이라고 표현했습니다.[7] 우리가 기도를 던졌는데 그것이 반대로 역전되어 엄청난 응답의 소리로 우리를 찾아온다는 뜻입니다. 그리고 그는 그 단어가 얼마나 가슴속에 남았는지 자신이 쓴 요한계시록 묵상 책의 제목을 그것으로 선택했습니다(우리말로 번역되어 나온 책 제목은 《묵시: 현실을 새롭게 하는 영성》임). 우리를 위협하고 유혹하는 세상의 시끄러운 소리 가운데서 우리의 기도가 작고 초라하게 생각될

수 있습니다. 그러나 하나님은 더 큰 우레와 음성으로 반드시 응답하십니다. 이 기도로 말미암아 초대교회 성도들은 믿음을 지킬 수 있었고, 세상의 소리에 짓눌리지 않을 수 있었습니다. 하나님께 아뢰며 부르짖을 수 있었습니다.

기도하는 성도들에게는 하나님의 계획이 보이기 시작합니다. 하나님의 응답 소리가 들리기 시작합니다. 이 땅에서 드린 기도는 단지 제단 위에 쌓여 있는 것이 아니라 하나님의 성령의 불과 합쳐져 이 땅으로 되돌아옵니다. 기도는 내향적인 만큼 외향적입니다. 신비주의적 도피가 아니라 역사적 참여입니다. 기도는 하나님의 행동에 참여하는 것이기 때문입니다. 하나님께 올라갔던 기도들이 이제 땅으로 내려옵니다.[8] 역사를 바꾸는 여러 가지 힘이 있는데, 그중 가장 위대한 힘이 바로 기도입니다.[9] 그리고 누구든지 할 수 있는 것이 기도입니다.

이제 일곱째 인이 마무리되고 일곱 나팔의 심판과 재앙이 이어집니다.

── 부분적 심판은 회개를 촉구하는 경고의 메시지입니다.

3. 요한계시록 8장 6-13절을 읽어 보세요. 심판 속에 나오는 숫자 "삼분의 일"은 무엇을 상징합니까?

- -

숫자 3분의 1은 부분적 심판이라는 뜻입니다. 이 심판의 목적은 총체적 심판이 있기 전에 하나님은 이 세상을 향하여 아직 기다리고 있다는 경고의 심판을 보여 줌으로써 사람들을 회개하도록 하는 데 있습니다.[10] 첫째 천사가 나팔을 불 때 피 섞인 우박과 불이 땅에 떨어져 땅과 수목의 3분의 1이 타서 없어집니다. 둘째 천사가 나팔을 불자 불붙는 큰 산과 같은 것이 바다에 떨어집니다. 엄청난 격변과 대지진의 재앙입니다. 바다의 3분의 1이 피가 되고 바다 가운데 생명을 가진 피조물의 3분의 1이 죽습니다. 셋째 천사가 나팔을 부니 횃불같이 타는 큰 별이 하늘에서 떨어집니다. 물의 3분의 1이 오염되어 쓴 쑥이 되자 그 물을 먹고 많은 사람이 죽어 갑니다. 넷째 천사가 나팔을 불자 해와 달과 별, 우리에게 빛을 주던 것의 3분의 1이 어두워집니다. 이 모든 것은 부분적 심판입니다. 요한계시록은 총체적 심판이 있기 전에 회개를 촉구하고 있습니다.

특히 구약성경에서는 나팔 소리가 몇 가지 목적을 위해 사용되었습니다. 백성을 소집할 때(민 10:1-9), 금식을 정하고 성회를 소집할 때(욜 2:15), 왕이 즉위할 때(왕하 9:13) 등이었습니다. 그러나 대부분의 나팔 소리는 사람들에게 경고할 때 사용됩니다.[11]

4. 에스겔 33장 3-6절을 찾아 읽어 보세요. 파수꾼이 적의 칼을 보고도 나팔을 불지 않으면 어떻게 되나요?

성을 지키는 파수꾼은 침입자가 있을 때 나팔을 불어 모두에게 경고의 메시지를 전해야 합니다. 그런데 적의 칼을 보고도 경고의 나팔을 불지 않아 사람이 죽으면 그 모든 피의 값은 그 성을 지키는 사람에게 돌아갑니다. 그만큼 나팔 부는 것은 중요한 일이었습니다. 요한계시록의 일곱 나팔은 이 땅의 불신자들과 믿음이 있지만 자기 마음대로 살아가는 사람들의 영혼을 깨우고 있습니다.

5. 요한계시록 8장 13절을 읽어 보세요. 땅에 사는 자들은 구체적으로 누구를 가리키나요?

공중에 날아가는 독수리가 땅에 거하는 자들에게 "화, 화, 화가 있으리니"라고 소리칩니다. 땅에 거하는 자들은 로마제국의 권세와 우상을 좇아 살아가는 사람들입니다. 세상의 풍속을 따라 사는 사람들이며, 이 땅의 것만 의지하며 살아가는 사람들입니다. 눈에 보이는 일시적인 것으로 말미암아 영원한 세계를 바라보지 못하는 사람들입니다. "화가 있으리니"라고 소리치는 것은 회개하라는 경고의 메시지입니다. 하나님의 심판은 어린양과 그분의 길을 따르지 않는 사람들에게 향하고 있습니다. 그러나 인침을 받은 자는 화가 임하지 않고 안전합니다. 하나님은 심판하실 때 하나님의 백성과 그분의 백성이 아닌 자들을 반드시 구별하실 것입니다(출 8:22-23, 19:4).[12] 하나님의 백성은 어린양의 피에 옷을 씻은 사람으로, 예수 그리스도의 은혜를 믿음으로 받아들여 주님의 거룩한 은혜의 옷을 입고 있는 사람들입니다. 그들은 모두 인침을 받은 사람들입니다.

9장
일곱 나팔 2: 선택적 심판
The Seven Trumpets 2: Selective Judgment

—— 사탄의 권세도 하나님의 통치 아래 있을 뿐입니다.

> 6. 요한계시록 9장 1-3절을 읽어 보세요. 사탄이 "무저갱의 열쇠를 받
> 았더라"는 말씀이 나오는데, '가졌다'고 하지 않고 '받았다'고 표현한
> 이유는 무엇일까요?

"하늘에서 땅에 떨어진 별 하나"는 사탄을 지칭합니다. 그가 무
저갱의 열쇠를 받았습니다. 무저갱(the bottomless pit)의 영어 뜻은 '밑
바닥이 없는 구덩이'입니다. 사탄은 한번 들어가면 나올 수 없는
끝이 없는 구덩이 같은 지옥의 열쇠를 받았습니다. 사탄이 심판과
재앙의 열쇠를 갖고 있다는 뜻입니다. 그리고 무저갱에서 연기가
올라옵니다. 연기 가운데서 메뚜기 같은 황충이 땅 위로 나오는데,
전갈의 권세와 같은 권세를 받았습니다. 사탄은 황충의 모습을 하
고 있으며, 사람을 죽일 수 있는 전갈과 같은 힘을 갖고 있습니다.
그런데 성경은 이들이 권세를 '가진 자'가 아니라 '받은 자'라

고 표현합니다. 사탄은 이 세상의 수많은 사람을 공격하지만, 보좌에 앉으신 주님이 허락하신 만큼만 할 수 있습니다. 사탄은 그것을 잠시 받은 것으로 힘이 있는 척할 뿐입니다. 요한계시록 1장 18절을 보면 오직 주님만이 사망과 음부의 열쇠를 가지신 분입니다. 이 세상 나라의 저항과 공격 뒤에 사탄이 있음을 말하지만, 사탄의 힘은 잠시 '받은 것'임을 잊지 말아야 합니다. 이것은 앞으로 펼쳐질 하나님의 역사에 대해 우리가 두려워하지 않도록 도와줍니다.[13]

7. 요한계시록 9장 4-6절을 읽어 보세요. 어떤 사람들이 얼마 동안 해함을 당하나요?

이마에 하나님의 인침을 받지 않은 사람들만 다섯 달 동안 해함을 당합니다. 하나님은 사탄에게 그들을 죽이지 못하게 하시며, 오직 허락한 기간만 권세를 주십니다. 그런데 고통을 당하는 사람들은 너무 힘들어 죽고 싶어도 죽을 수 없는 비참함 가운데 거하게 됩니다. 이것은 자신의 죄를 죽음으로 피하지 말라는 뜻이며, 죄는 회개를 통해서만 해결할 수 있다는 메시지입니다. 가장 악한 것은 회개하지 않은 채 사는 것이고, 살아 계신 주님과 함께 사는 삶을 잃어버린 것입니다. 지금은 죽음이 멀리 떨어져 있는데, 이는

하나님이 회개할 기회를 더 주고 계시기 때문입니다.[14]

──흉측하고 기괴한 사탄의 모습은 우리가 제멋대로 살아가며 망
  쳐 놓은 이 세상을 보여 줍니다.

   8. 요한계시록 9장 7-12절을 읽어 보세요. 황충들의 모습에서 무엇을
      느끼나요?

   메뚜기 같은 황충의 모습은 다음과 같이 묘사됩니다. 전쟁을
위해 준비한 말들 같습니다. 전쟁 준비가 잘 되어 있다는 뜻입니
다. 머리에 금 같은 관 비슷한 것을 썼습니다. 전쟁을 수행할 수 있
을 정도의 충분한 지위를 갖춘 모습입니다. 얼굴이 사람처럼 보인
다는 것은 이 전쟁을 이끌 만한 지혜가 있다는 뜻이고, 여자의 머
리털 같은 머리털과 사자의 이빨 같은 이빨은 사람을 공격하기
에 충분한 능력을 가졌다는 표현입니다. 철 호심경(흉갑) 같은 호
심경과 그 날개들의 소리는 빈틈이 없고 그 숫자가 엄청나다는 것
을 상징합니다. 또한 전갈과 같은 꼬리와 쏘는 살은 강력한 무기
를 장착하고 있음을 보여 줍니다. 그리고 이 모든 심판의 배후에
는 이것들이 임금으로 떠받들고 있는 무저갱의 사자가 있음을 밝
힙니다. 끝없는 구덩이에서 나온 황충 같은 것들은 사탄의 상징

일 뿐입니다. 그 뒤에는 무저갱의 사자가 있습니다. 히브리어로는 아바돈이며 헬라어로는 아볼루온, 즉 파괴자(destroyer)라는 뜻입니다.[15] 이것이 바로 사탄이며, 다섯째 나팔이 울려 퍼질 때의 이야기입니다. 이제 12절을 지나 여섯째 천사가 나팔을 붑니다. 그런데 그 화가 아직 끝나지 않았다고 합니다.

9. 요한계시록 9장 13-18절을 읽어 보세요. 심판의 도구로 사용되는 네 천사가 큰 강 유브라데에서 나오는 이유는 무엇일까요?

여섯째 천사가 나팔을 부는데, 하나님 앞에 있는 금 제단 네 뿔에서 음성이 들립니다. 큰 강 유브라데에 결박한 네 천사를 놓아 주라는 것입니다. 성경의 많은 역사에서 파괴의 위험은 주로 유브라데와 티그리스강으로부터 왔습니다.[16] 그래서 큰 힘이 오고 있는 것을 유브라데라고 표현합니다. 그들은 사람의 3분의 1을 죽이기로 예비된 자들이었습니다. 마병대의 수는 2억입니다. 그런데 말들의 입에서 불과 연기와 유황이 나오고 그 입에서 나오는 불과 연기와 유황, 이 세 가지 재앙으로 사람의 3분의 1이 죽임을 당합니다. 부분적 심판이 이 땅에 온다는 것을 뜻합니다.

10. 요한계시록 9장 19-21절을 읽어 보세요. 거룩한 하나님이 흉측한
    말들의 모습을 보여 주시는 이유가 무엇일까요?

　말들의 힘은 입과 꼬리에 있습니다. 그런데 꼬리는 뱀 같고 또 꼬리에 머리가 있습니다. 아무리 그려 보려고 해도 그릴 수 없고, 우리의 머리로는 상상이 안 되는 해괴망측한 모습입니다. 거룩하신 하나님이 왜 이렇게 이상한 짐승의 형상으로 이 땅을 심판하는 환상을 보여 주신 것일까요? 이 세상이 하나님 보시기에 그만큼 뒤집혀 있으며, 하나님이 창조하신 세계를 우리가 이렇게 해괴망측한 모양으로 망쳐 놓았다는 뜻입니다. 이는 제멋대로 살아가고 있는 이 시대의 모습을 보여 줍니다.[17] 짐승처럼 살아가는 우리의 얼굴과 모습을 이상한 짐승으로 그려 거울삼아 보게 하십니다. 요한계시록에 왜 이상한 짐승이 나오느냐고 의문을 품지 말고, 먼저 자신의 모습을 직시한 채 회개하는 은혜가 필요합니다. 20-21절은 이 재앙에 죽지 않고 남은 사람들이 회개하지 않고 살아가는 모습입니다. 회개가 없으면 짐승처럼 살아가게 됩니다.

10장
작은 두루마리
The Little Scroll

하나님은 여섯 번의 나팔 소리와 그 심판에 대한 계시를 주시고 나서 다른 재앙의 때와 마찬가지로 삽입 글을 간주곡처럼 넣어 우리의 영혼을 깨우십니다. 10장은 작은 두루마리에 대한 내용입니다. 세상 가운데서 복음을 무시하며 살아가는 이들과 귀를 막고 들으려고 하지 않는 이들을 향해 교회 된 우리는 계속해서 진리를 전해야 합니다. 비록 더듬거리면서 말을 제대로 하지 못한다고 할지라도 말입니다. 세상은 돈과 쾌락과 야망으로 가득 차서 화려하고 시끌벅적합니다. 이에 비해 복음의 소리는 너무나 작습니다. 평범한 그리스도인은 무슨 말을 해도 파묻히는 것 같습니다. 큰 바다에 작은 돌멩이 하나 던진 정도이지 않을까 하는 생각이 듭니다. 그러나 앞서 보았듯이 믿는 자들의 기도가 아무리 작아 보여도 하나님은 모두 들으시고 성령의 불을 넣어 이 땅에 천국의 뇌성 소리와 함께 돌려보내 주십니다. 마찬가지로 우리가 세상에 복음을 전하면 아무 소용도 없을 것 같지만 성경은 그래도 던지라고 말씀하십니다. 그러면 영혼이 살아날 것입니다. 그 이야기를 전하기 위해 10장이 삽입됐습니다.

─ 아무리 큰 고난과 역경이 닥쳐도 주의 말씀은 세상 끝날까지 전
  해져야 합니다.

**11. 요한계시록 10장 1-3절을 읽어 보세요. 천사가 밟고 서 있는 바다
  와 땅은 무엇을 의미할까요?**

- -

　지금까지 보여 주던 이미지와 전혀 다른 모습의 천사가 등장합
니다. 그 천사는 무지개로 시작해 불기둥 등 하나님과 관계된 언
어로 묘사됩니다. 짐승 같은 사탄의 세력이 세상 사람들을 죽이는
재앙이 펼쳐지고 있을 때, 그 천사는 작은 두루마리를 든 채 오른
발은 바다를 밟고 왼쪽 발은 땅을 밟고 서 있습니다. 바다는 사탄
이 올라오는 곳이고, 땅은 하나님을 거절한 곳입니다. 하나님의 천
사가 이 두 곳을 밟으니 평강이 찾아옵니다. 우리에게 영광스러운
승리를 보여 줍니다. 세상의 권세 아래서 두려워 떨고 있는 초대
교회 성도들에게 이 모든 것이 다스려지고 있음을 보여 주시는 장
면입니다. 하나님이 지금도 보좌에 앉아 계시고, 하나님의 천사가
바다와 땅을 밟고 서 있으니 두려울 것이 없습니다. 세례 요한도
그랬습니다. 주의 말씀을 광야에서 받았기에 광야에서 외치는 소
리로 목에 칼이 들어와도 목이 잘려 나가도 그 소리를 낼 수 있었
습니다. 우리도 이 시대의 말씀이 되어야 마땅합니다.

12. 요한계시록 10장 4-7절을 읽어 보세요. 하나님의 말씀을 기록하지 말라고 한 이유는 무엇일까요?

사도 요한은 들려오는 음성을 기록하려고 합니다. 그러나 하나님은 기록하지 말라고 말씀하십니다. 하나님의 말씀을 전할 때 모든 것을 말해서는 안 된다는 교훈입니다. 왜냐하면 증거하는 것은 단지 수다를 떠는 것이 아니기 때문입니다. 예수님도 돼지에게 진주를 던지지 말라고 경고하셨습니다. 비밀이기 때문이 아니라 세상이 그것을 감당할 수 없기 때문입니다.[18]

천사가 하늘을 향하여 오른손을 드는데, 이는 엄숙한 언약을 할 때 하는 행위입니다. 하나님의 비밀이 펼쳐지고 하나님이 그의 종 선지자들에게 전하신 복음과 같이 모든 것이 이루어지리라고 선포합니다. 그리고 지체하지 말고 전하라고 하십니다. 복음의 계시가 그리스도의 죽으심과 부활로 완성되었기 때문입니다. 그리스도께서는 하나님의 약속을 모두 성취하셨습니다. 지금이 구원의 날이며, 우리는 하루하루가 하나님이 구원하시는 날이 될 수 있는 영원한 현재를 살아갑니다.[19]

13. 요한계시록 10장 8-11절을 읽어 보세요. 책을 먹는다는 의미는 무엇일까요?

이제 요한에게 이 작은 책을 먹으라고 말씀합니다. 책을 먹는다는 것은 그 말씀, 그 계시, 그 복음을 먹어 몸에서 자신의 것으로 삼으라는 것입니다. 하나님의 말씀이 우리 몸의 양식이 되어 찌르면, 그 말씀은 우리에게서 다시 나옵니다. 증인은 상황에 따라 다른 말을 하는 사람이 아닙니다. 아무리 힘든 상황일지라도 입을 열 때 예수님이 증거되어야 합니다. 남의 것이 아니라 자신에게 소화된 영원한 복음이 자신을 통해 언제든지 흘러나오는 것, 그것은 주님이 우리에게 주신 복음입니다.

14. 에스겔 2장 8절에서 3장 4절까지 말씀을 찾아 읽어 보세요. 하나님의 말씀을 먹는 궁극적 목적은 무엇인가요?

하나님은 "내가 먹으니 … 달기가 꿀 같더라"(겔 3:3)고 말씀하십니다. 영생의 말씀인 까닭입니다. 그런데 말씀대로 이 세상을 살아가면 쓴맛을 보게 됩니다. 말씀을 받을 때는 달콤하지만 세상이 배척할 때 쓴맛을 봅니다. 말씀을 내보내면 만사가 잘될 것처럼 보이지만, 성경은 증인의 성공을 보장하지 않습니다.[20] 그럼에도 이 생명의 복음을 전해야 합니다. 핍박과 심판, 환난이 닥쳐도 마

지막 주의 날(부분적 심판이 아닌 총체적 심판)이 오기 전까지 이 복음은 땅끝까지 전파되어야 합니다. 이 복음만이 한 영혼을 살릴 수 있기 때문입니다. 하나님은 밧모섬에 유배된 노인 사도 요한에게 다시 이 말씀을 들고 세상으로 나아가라고 말씀하십니다. "복음을 들고 땅끝까지 나아가라"는 말씀은 우리 주님의 변함없는 명령입니다.

11장
두 증인
The Two Witnesses

——주 하나님과 어린양 예수 그리스도가 성전입니다.

> 15. 요한계시록 11장 1-2절을 읽어 보세요. 무엇을 측량하라고 말씀
> 하시나요?

- -

하나님은 성전을 측량하라고 말씀하시면서 이방인이 들어올 수 있는 공간인 성전 바깥 마당은 측량하지 말라고 하십니다. 이 방인들이 마흔두 달 동안 그 거룩한 성을 짓밟을 것이기 때문입니다. 하나님은 왜 성전을 측량하라고 말씀하셨을까요? 여기서 말씀하고 있는 성전은 솔로몬 성전도 스룹바벨 성전도 아닙니다. AD 70년에 무너진 헤롯왕이 지은 성전도 아닙니다. 이들 성전은 모두 무너졌습니다. 그렇다면 어떤 성전을 말씀하시는 것일까요?

> 16. 요한계시록 21장 22절을 찾아 읽어 보세요. 천국에서는 무엇이 성
> 전입니까?

주 하나님과 어린양이 성전입니다. 그리고 주님이 살고 계시며 앞으로 하늘로부터 내려오는 새 예루살렘이 하나님의 성전입니다. 성 자체가 성전이라는 말입니다. 또한 성전은 새로운 하나님의 전을 의미하는데, 바로 하나님의 백성입니다. 신약성경에서는 우리 몸이 주님이 거하시는 성전이라고 말씀합니다. 이것은 신약성경의 중요한 주제입니다.[21]

그러면 왜 성전을 측량하라고 말씀하셨을까요? 천국에 들어가서 예루살렘에 참여할 모든 성도가 주님의 성전입니다. 즉 이 성전을 측량하는 목적은 그들을 보호하기 위해서입니다.

17. 스가랴 2장 1-5절을 찾아 읽어 보세요. 예루살렘이 성곽 없는 성읍이 되리라고 한 이유는 무엇일까요?

하나님은 스가랴 선지자의 환상을 통해 예루살렘 성을 측량하러 가십니다. 그런데 성곽이 없어서 잴 수가 없습니다. 성곽이 없다는 것은 요한계시록과 연관된 말씀입니다. 스가랴는 분명히 요한계시록에 임할 예루살렘을 그리며 썼습니다. 장차 올 새 예루살렘에서는 하나님이 성벽 되시며, 그 가운데 계십니다. 구약시대에 이스라엘 백성이 진을 칠 때는 언제나 성막을 가운데 모셨습니다. 하나님이 성막을 지으라고 하신 이유는 친히 그 안에 거하시기 위해서였습니다. 성막의 언약궤는 하나님 임재의 상징이었습니다. 그러므로 성곽을 측량하라는 것은 하나님이 백성을 친히 보호하시겠다는 뜻입니다. 하나님이 인침을 받은 자들의 중심에 계셔서 한 사람 한 사람의 인생을 보호해 주시리라는 말씀입니다. 성전은 제사를 드리던 곳이었으며, 하나님의 약속이 성취된 곳이었습니다. 예배 장소 안에는 보호 장벽이 세워져 있습니다. 질서가 지배하는 곳입니다. 그러나 우리가 말씀을 증거하는 삶의 현장은 그렇지 않습니다. 핍박과 환난이 있습니다. 이런 삶 가운데서도 하나님은 친히 성벽이 되어 주실 것이고, 그 중심에 거하실 것이라는 약속의 말씀입니다.

18. 요한계시록 11장 2절을 다시 한번 읽어 보세요. 숫자 마흔두 달은 무엇을 상징할까요?

- -

"마흔두 달 동안 짓밟으리라"는 말씀은 하나님의 완전한 보호가 오기 전까지 이 세상은 하나님의 성전인 우리를 짓밟을 수 있다는 뜻입니다. 그렇다면 왜 마흔두 달일까요? 6개월이 일곱 번(완전 숫자) 반복되면 다다릅니다. 즉 마흔두 달은 이 땅에 사는 하나님의 사람들을 사탄이 짓밟을 수 있도록 허락하신 완전 숫자입니다. 또한 마흔두 달은 3년 6개월입니다. 성경에는 3년 6개월이라는 표현이 의외로 많이 나옵니다. 엘리야 때 비를 내리지 않게 하신 기간이 3년 6개월입니다. 다니엘서에도 한 해 두 해와 반 해의 이야기(삼 년 반의 이야기)를 두 번 반복합니다. 그리고 42라는 숫자는 14 곱하기 3입니다. 마태복음 1장 17절은 예수님의 족보를 14대씩 세 번에 걸쳐 42대를 맞추어 설명합니다. 요한계시록에 기록된 마흔두 달 역시 통계가 아니라 분명한 상징입니다. 모든 나라에서 핍박받는 하나님의 백성의 숫자를 상징합니다. 바로 예수님의 피로 세우신 이 땅의 교회가 시작된 날로부터 주님이 다시 오시는 날까지입니다. 새로운 성 예루살렘이 하늘로부터 내려오기까지 그 시간을 상징합니다. 다시 말해 마흔두 달은 예수님의 첫 번째 오심과 두 번째 오심 사이 시간입니다. 이 상징은 세상 가운데 있는 교회, 바꿔 말하면 충돌하고 있는 하나님의 나라와 이 세상의 나라 사이에 비집고 서 있는 교회의 전체 시간을 나타냅니다.[22]

— 교회는 핍박을 받고 죽임을 당합니다. 그러나 반드시 다시 살아나 승리하며 주의 영광을 드러낼 것입니다.

요한계시록에서 교회를 제일 먼저(요한계시록 2-3장) 다루시는 이유가 있습니다. 천국으로 가는 길, 죄와 싸우며 가는 그 구원의 길은 반드시 교회를 통해서 갈 것이기 때문입니다. 모든 교회를 통해서 말입니다.[23] 아무리 교회가 약해 보여도 여전히 교회입니다. 교회는 오직 그리스도와의 관계로 존재하기 때문입니다. 교회는 그분의 말씀으로 형성되며 그분에 의해서 유지됩니다. 교회의 연약함이나 세상의 공격이 교회를 무너뜨릴 수 없습니다. 교회의 유일무이한 특징은 그리스도가 부여해 준 정체성입니다.[24] 예배는 이 놀라운 사실을 믿는 사람들, 바로 교회 공동체가 드리는 것입니다. 세상의 위협과 문제를 이기는 힘, 그것이 바로 우리가 매주 드리는 예배입니다.

19. 요한계시록 11장 3-4절을 읽어 보세요. 두 증인은 무엇을 말하는 것일까요?

두 증인은 예언자가 입던 옷인 굵은 베옷을 입고 천이백육십 일(마흔두 달) 동안 짓밟힘의 현장에서 예언하는 권세를 받았습니다. 두 증인은 두 감람나무와 두 촛대로 표현됩니다. 대부분의 학자는 이 부분을 해석할 때 두 증인을 교회라고 봅니다. 일곱 촛대는 일곱 교회이기 때문입니다. 일곱 교회 가운데 흠잡을 데 없던 두 교회가 있습니다. 서머나 교회와 빌라델비아 교회입니다. 이 두 교회를 대표해서 교회라고 칭한 것입니다. 한편 감람나무는 기름이 나오는 대표적인 나무입니다. 기름은 성령을 상징합니다. 그러

므로 두 촛대와 두 감람나무, 두 증인의 모습은 핍박받고 있는 교회를 상징합니다. 교회는 감람나무의 기름과 같은 성령으로 충만한 채 증인의 사명을 감당하고 있습니다.[25]

20. 요한계시록 11장 5-6절을 읽어 보세요. 두 증인이 행하는 권능을 보면서 구약성경에 등장하는 인물들 가운데 누가 연상되나요?

두 증인에게 권세를 주시는데, 그들을 해하고자 하면 반드시 죽임을 당할 것이라는 권세를 주셨습니다. 그런데 "하늘을 닫아 그 예언을 하는 날 동안 비가 오지 못하게 하고"라는 말씀은 엘리야의 3년 6개월을 그대로 보여 주는 장면입니다. 또한 "권능을 가지고 물을 피로 변하게 하고 아무 때든지 원하는 대로 여러 가지 재앙으로 땅을 치리로다"라는 말씀은 모세의 모습을 연상시킵니다. 모세는 율법을 대변하며, 엘리야는 선지자를 대변합니다. 율법과 선지자는 구약 책을 말합니다. 그런데 이어서 놀라운 일들이 일어납니다.

21. 요한계시록 11장 7-14절을 읽어 보세요. 소돔과 애굽은 무엇을 상징합니까? 그리고 죽임당한 두 증인은 며칠 만에 다시 살아나게 되나요?

두 증인(교회)이 말씀을 전하는데 무저갱으로부터 올라오는 짐승이 그들을 죽이리라고 말씀합니다. 그들이 해침을 당하지 않고 안 죽는다고 했는데, 죽을 수 있다는 것입니다. 그리고 하나님의 몸 된 성전이 되는 성도들의 시체가 큰 성의 길에 버려집니다. 그 성은 영적으로 치면 소돔과 애굽이라고도 하는 곳입니다. 소돔은 타락의 상징이고 애굽은 권력의 상징입니다. 믿는 사람들이 죽임을 당하는 곳은 주님이 십자가에 못 박히신 곳입니다. 게다가 증인들의 시체를 사흘 반 동안 장사하지 못하게 그대로 놔두게 하십니다. 당시 중동 지역에서 이는 대단히 수치스러운 일이었습니다. 이제 예수님을 믿는 사람들이 세상에서 수치를 당하는 일이 벌어진다는 뜻입니다. 그런데 주님은 단지 사흘 반이라고 말씀하십니다. 이 기간에 세상은 자신들이 이긴 것처럼 즐깁니다. 그러나 그 기한은 사흘 반뿐입니다. 11절은 삼 일 반 후에 그들이 다시 살아나리라는 것을 에스겔 37장 말씀으로 묘사합니다. 마른 뼈에 생기를 불어넣어 여호와의 군대로 일어났던 것처럼 삼 일 반 동안 죽어 시체로 조롱당하던 교회와 성도들이 부활하여 두 발로 일어섭니다. 이것이 바로 복음입니다. 이 세상은 모세가 죽었고 엘리야가 죽었다고 자축합니다. 하나님의 말씀은 진리가 아니며 믿지 않아도 된다는 목소리가 이긴 것처럼 보입니다. 그러나 이 세상의 축제는 반드시 끝나는 날이 옵니다. 삼 일 반이 지나서 두 증인이 다시 일어섭니다. 믿음의 길을 걷다가 쓰러진 사람들이 있습니다. 여호와께서 말씀하십니다. 성령의 바람이 불어오고 있습니다. 오늘 여호와의 생기를 불어넣으시면 넘어진 자들이 다 일어날 줄로 믿습니다. 우리 모두 박수하면서 일어날 것입니다. 12절 말씀을 통해 사도 요한에게 구름을 타고 하늘로 올라가는 성도의 승천을 보여 줍니다. 주님이 그렇게 하신 것처럼 우리에게 영광의 승리를 약속하십니다. 그때 성의 십분의 일이 무너지고 지진에 죽은 사람이 칠천 명입니다. 이렇게 해서 그 남은 자들이 두려워하며 주 앞으로 돌아오게 된다는 말씀입니다.

22. 요한계시록 11장 15-19절을 읽어 보세요. 왜 하늘의 예배를 보여 주시는 것일까요?

일곱째 천사가 나팔을 불 때 하늘로부터 큰 음성이 들려옵니다. 세상 나라가 우리 주와 그리스도의 나라가 되어 주님이 세세토록 왕 노릇을 하신다는 것입니다. 이것이 바로 이 땅의 모든 나라가 주의 나라가 되는 천국입니다. 그리고 이 나라는 반드시 옵니다. 이 음성이 퍼질 때 이십사 장로가 엎드려 얼굴을 땅에 대고 경배합니다. "감사하옵나니 옛적에도 계셨고 지금도 계신 주 하나

님 곧 전능하신 이여 친히 큰 권능을 잡으시고 왕 노릇 하시도다.”
실제로 이 장면을 보는 것처럼 모든 성도는 고난 가운데서도 매일
주님 앞에 엎드려 예배하고 찬송하는 승리의 행진을 해야 합니다.
핍박을 당해도 승리이고, 돈을 못 벌어도 승리입니다. 주의 생기가
불어 와서 일어나게 하실 것이기 때문입니다.

이제 주의 진노가 임하여 이방들을 심판합니다. 그리고 하늘에
있는 하나님의 성전이 열리고 성전 안에 있는 하나님의 언약궤가
보입니다. 사도 요한은 이 언약궤를 보는 순간 벅차오르는 감격을
견딜 수가 없었을 것입니다. 이 언약궤를 보는 사람들은 누구든지
고난을 이길 수 있습니다. 요한계시록은 사도 요한과 우리에게 모
세의 계시를 바라보고 엘리야의 불을 보라고 선포합니다. 모든 성
경을 깊이 묵상하여 증거의 말씀으로 삼으면 그것은 신선하고 놀
라운 모습으로 다시 살아나서 마침내 “하늘에 큰 음성들”이 될 것
입니다. 그것을 듣는 자는 살아납니다. 이처럼 요한계시록은 우리
모두의 영적 혈관을 살아나게 하고, 죽었던 자들에게 생기를 불어
넣어 주는 책입니다. 더 나아가서 어떤 고난 가운데서도 기도하고
보좌에 앉으신 주님을 향해 영광의 찬송을 부르며 걸어가게 합니
다. 그리고 하나님 나라의 승리를 굳게 믿고 오늘의 고난을 이기
게 합니다.

1. 지금 자신의 기도가 아무리 작고 초라할지라도 하나님이 반드시 응답하신다고 믿습니까? 그런 경험을 나누어 줄 수 있습니까?

일곱째 인이 떼어질 때 반 시간의 침묵과 적막이 상징하듯, 우리의 기도가 당장 결과로 나타나지 않더라도 낙심하지 말아야 합니다. 천사는 우리의 모든 기도를 금 향로에 담아 하늘로 갖고 올라갑니다. 그리고 우리의 작은 기도에 성령의 뜨거운 불을 붙이셔서 놀라운 응답으로 우리가 사는 현장에 던져 주십니다. 하나님은 우리의 모든 기도에 대해 반드시 응답하십니다.

2. 성경이 묘사하는 흉측하고 기괴한 사탄(짐승)의 모습은 하나님의 아름다운 창조 세계를 제멋대로 망친 우리의 모습입니다. 우리는 지금 무엇을 회개해야 할까요?

사탄은 총체적 심판이 있기 전에 잠시 권세를 받아 부분적 심판을 일으킵니다. 심판의 목적은 "내게로 돌아오라"는 회개의 촉구입니다. 우리에게는 믿음 없는 이들에게 땅끝까지 복음을 전해

야 할 사명이 있습니다. 그러나 그것에 앞서 우리의 모습을 돌아봐야 합니다. 구원받았지만 구원받은 자답게 살지 못하는 우리의 모습, 왕 되신 주님의 통치를 따르지 않고 자기 욕심대로 살아가는 모습을 먼저 회개해야 합니다. 그런 모습 뒤에 사탄이 숨어 있음을 명심해야 합니다. 우리는 사탄의 도구가 되지 않도록 늘 깨어 기도해야 합니다.

3. 예수님이 이 땅에 오신 이래로 지금은 종말의 때입니다. 우리는 총체적 심판이 임하기 전에 더 많은 사람이 구원받도록 복음을 전할 사명을 가진 성도이고 교회입니다. 이때 핍박과 고난을 겪게 될 수도 있지만 보좌에 앉으신 주님이 회복시켜 주실 것입니다. 우리에게 필요한 것은 먼저 말씀을 받아먹는 것입니다. 말씀을 양식으로 삼고, 지금도 하늘 보좌에 앉아 계신 그리스도의 영광을 바라보아야 합니다. 그래서 우리가 먹은 그 말씀이 세상에 흘러넘치게 해야 합니다.

기도 Pray

주님, 주님은 우리의 모든 기도를 받으시고 뇌성처럼 놀라운 역사로 응답하십니다. 심판과 경고의 나팔 속에서도 우리를 붙드셔서 우리가 사탄의 도구가 되지 않도록 도와주옵소서. 바다와 땅을 밟고 서 있는 주의 천사가 믿음의 성도들을 안전하게 지키실 줄로 믿습니다. 주께서 주시는 말씀을 온몸으로 받아들여 그 말씀이 우리의 살과 피가 되게 하겠습니다. 그래서 이 어지러운 세상 가운데 복음의 증인으로 살고자 합니다. 핍박과 고난이 와도 일으켜 주시는 성령의 능력을 믿고 끝까지 믿음을 지켜 나가겠습니다. 하늘 보좌에서 다스리시는 주의 영광만을 바라보는 것, 이것이 우리의 승리입니다. 예수 그리스도의 이름으로 기도합니다. 아멘.

◇◇◇◇◇

일곱째 천사가 나팔을 불매 하늘에 큰 음성들이 나서 이르되

세상 나라가 우리 주와 그의 그리스도의 나라가 되어

그가 세세토록 왕 노릇 하시리로다 하니

계 11:15

The Word
Worship
Sealed
Witness
Perseverance
Judgment
Anticipation
The Kingdom

제5과

분별하고 인내하는 믿음이 승리입니다

요한계시록에는 시각적 환상과 숫자들이 상징으로 등장하곤 합니다. 특히 사람들을 두렵게 하고 혼란케 하는 것이 사탄의 세력을 상징하는 666이라는 숫자입니다. 하지만 요한계시록을 읽으면 그것은 두려워할 숫자가 아니라 무시하고 웃어야 할 숫자입니다. '6'이라는 숫자는 불완전함을 의미하기 때문입니다. 사탄은 끝까지 불완전하다가 하나님의 심판을 만나게 됩니다. 하지만 그날이 오기까지 성도들을 공격하고 핍박하는 일은 계속될 것입니다. 그러므로 사탄의 실체를 깨닫고 하나님이 이루실 구원을 알고 믿을 때 우리는 인내와 믿음으로 주님을 끝까지 따르게 될 것입니다.

요한계시록 12-14장

"하늘의 권세를 얻지 못한 사탄은 땅에 있는 교회와 성도들을 괴롭히고 있습니다. 사탄은 삼위일체 하나님을 흉내 내며 복음을 훼손하고 성도들을 기만합니다. 우리를 참소하여 무기력하게 만들며, 그리스도인답지 못하다는 생각을 심어 넣으려고 합니다. 하나님의 사랑을 받을 가치가 없는 존재처럼 만들어 버립니다. 그러나 사탄은 그리스도인들을 하나님의 손에서 빼앗을 수 없음을 알기에 이렇게 속이는 것입니다. 성도들은 하늘의 생명책에 자신의 이름이 기록된 것을 기뻐하며 살아가는 존재입니다. 사탄의 미혹과 위협을 분별해 내고 인내하는 믿음이 승리의 길입니다."

— 요한계시록의 흐름

요한계시록이 담고 있는 풍성한 메시지를 이해하고 자기 것으로 수용하려면 전체적인 흐름이 어떤지 알고 읽는 것이 필요합니다(103쪽 [도표 4] 참조). 6장부터 18장까지는 재앙과 심판, 환난에 대한 예언이 펼쳐집니다. 그리고 그 가운데 인침 받은 하나님의 백성을 지키는 구원의 능력과 이 세상의 모든 악을 심판하시고 다시 오실 그리스도를 계속해서 전하고 있습니다. 비록 믿음으로 살던 이들이 죽임을 당했을지라도 정확히 사흘 반 만에 하나님이 생기를 불어넣어 부활의 역사를 일으키십니다. 11장 15절에 헨델(George Friedrich Händel, 1685-1759)이 오라토리오 〈메시아〉에 인용했던 그 말씀이 선포됩니다.

> 일곱째 천사가 나팔을 불매 하늘에 큰 음성들이 나서 이르되 세상 나라가 우리 주와 그의 그리스도의 나라가 되어 그가 세세토록 왕 노릇 하시리로다 하니 계 11:15

마지막 19절은 4장에서 보여 주셨던 천상의 모습을 다시 보여 줍니다. 그곳에는 하나님의 성전이 있고 성전 안에 하나님의 언약궤가 있습니다. 언약궤는 이 세상에서 가장 성스러운 것입니다. 사도 요한은 지성소의 영광을 보고 있는데, 우리 모두가 하나님의 보좌 아래 있음을 깨닫게 하는 감격스러운 장면입니다. 고난의 터널을 지나고 있는 초대교회 성도들에게 요한계시록의 말씀이 얼마나 큰 힘이 되었을까요! 이 시대와 싸우며 힘들게 살아가야 하는 그리스도인에게 요한계시록은 그 길을 끝까지 걸어가라고 선포하는 승리의 외침입니다. 이제 보게 될 12-14장은 우주적인 전쟁과 복음의 가치를 소개합니다. 특히 12장은 계시록의 신학적 중심축이며, 그것은 전쟁에 대한 말씀입니다.

들어가기 Intro

성경은 하나님이 펼쳐 가실 역사를 이야기합니다. 하지만 사탄은 지금도 하나님이 완성하실 역사를 방해하면서 사람들로 하여금 하나님을 떠나 세상의 바벨탑을 지으라고 합니다. 사탄의 시간은 정해져 있습니다. 그들은 반드시 망합니다. 신앙은 누구의 편에 설지를 결정하는 것입니다. 당신은 매일 하나님 편에 서 있습니까?

12장
우주적 전쟁
A Woman, a Dragon, and a Child

—— 요한계시록을 읽는 총체적 관점

12장에는 상징이 많이 등장합니다. 그렇다 보니 우리는 이 말씀을 대할 때 염려와 막연한 두려움에 사로잡히기도 합니다. 사실 요한계시록 전체가 선뜻 이해하기 어려운 이미지로 가득 차 있습니다. 어떻게 읽어야 혼란을 줄이고 하나님이 의도하신 메시지를 선명하게 붙들 수 있을지 신중해집니다.

요한계시록은 보통 다음의 네 가지 관점으로 이해되어 왔습니다.[1] 첫째, 과거주의적 관점(preterist)입니다. 요한계시록에 등장하는 다양한 상징은 초대교회에서 실제 일어났던 과거의 역사를 표현한 것으로 봅니다. 둘째, 역사적 관점(historicist)입니다. 과거 초대교회부터 미래에 주님이 다시 오실 때까지의 역사를 파노라마처럼 펼쳐 놓은 책으로 봅니다. 셋째, 관념적 관점(idealist)입니다. 요한계시록에 나오는 상징들은 실제 역사와 관계없이 보이지 않는 세계인 영적 전쟁을 표현한 것으로 이해합니다. 넷째, 미래주의적 관점(futurist)입니다. 마지막 시대에 일어날 미래적 사건을 보여 준다고 받아들입니다. 이상에서 살펴본 네 가지는 모두 뭔가 미흡하고 한쪽으로 치우친 관점입니다. 그래서 우리에게 필요한 것은 앞서 언급한 네 가지 관점을 종합한 총체적 관점입니다. 요한계시록에 나오는 상징들은 역사 속에서 실재했던 것을 표현했을 수도 있습니다. 그리고 앞으로 펼쳐질 미래의 일들은 상징과 실재, 영적 사건들이 서로 나선처럼 얽혀 전개될 것입니다. 이런 종합적 관점으로 요한계시록을 대할 때 성도들은 균형 잡힌 신앙을 견지할 수 있습니다.

── 예수 그리스도는 왕으로 이 땅에 오셨으며, 지금도 하늘 보좌에서 만국을 다스리고 계십니다.

1. 요한계시록 12장 1-2절을 읽어 보세요. 여자는 무엇을 상징할까요?

- -

해로 옷을 입은 여자가 달을 밟고 서 있습니다. 머리에는 완전을 뜻하는 열두 별의 관을 썼습니다. 빛을 발하는 눈부신 모습의 여인이 아이를 낳으려고 합니다. 아이는 예수 그리스도입니다. 이 여인은 예수님을 낳은 마리아를 상징하기도 하고, 예수님을 배출한 이스라엘을 대표하기도 합니다. 또한 예수님을 모시고 있는 교회와 하나님의 백성을 상징하기도 합니다.

2. 요한계시록 12장 3-4절을 읽어 보세요. 용은 무엇을 상징할까요?

용은 사탄을 상징합니다(사 27:1; 51:9). 우리가 잘 아는 바와 같이 창세기 3장에서는 사탄이 뱀으로 등장하여 하와를 속입니다. 붉은 용은 머리가 일곱이고 뿔이 열 개입니다. 용이 가진 머리와 뿔을 통해 용에게서 힘과 권세를 느낄 수 있습니다. 그러나 사탄이 가진 권세는 오로지 땅의 권세이며, 그것도 하나님에게서 시한부로 받은 것입니다. 용이 아이를 삼키려고 하는 장면은 헤롯 왕이 유대인의 왕으로 나신 예수님을 죽이기 위해 두 살 미만의 아기들을 살해했던 역사적 사건을 연상시킵니다. 실제로 사탄은 예수님이 이 땅에 오시는 것을 막으려고 합니다. 자신이 왕 노릇 하기 위해 하늘과 땅의 모든 권세를 가지신 예수님의 오심을 저지하려고 애씁니다.

3. 요한계시록 12장 5-6절과 시편 2편 7-9절을 읽어 보세요. 철장(쇠지팡이)으로 만국을 다스릴 자는 누구입니까?

요한계시록은 시편의 말씀을 인용하여 만국을 다스리시는 메시아 예수님을 설명하고 있습니다. 사탄이 집어삼키지 못하도록

아기 예수님을 하나님 보좌 앞으로 올려 갑니다. '올려 가다'라는 표현은 주님이 다시 오시는 날에 우리도 끌어올려 가리라는 데살로니가전서 4장 17절 말씀의 표현과 똑같습니다. 여자는 광야로 피신해서 천이백육십 일(3년 6개월) 동안 지내게 됩니다. 그렇다면 이 본문 말씀은 왜 출생에서 곧바로 승천 이야기로 바꾸어 설명하는 것일까요? 왜 베들레헴에서 하늘 보좌로 위치가 바뀌는 것일까요? 예수님이 이 땅에 오신 참된 목적과 의미를 설명하기 위해서입니다.[2] 주님이 베들레헴에 오신 목적은 하늘 보좌에 앉기 위해 오신 것입니다. 하나님이 그리스도 안에서 구속의 생명을 안고 현실에 침입하여 악을 결정적으로 패배시키실 것입니다.[3] 마구간에서 태어난 예수님을 광활한 우주에 데려다 놓고 용의 공격을 받는 모습으로 보여 주시는데, 그분의 자리는 하늘 보좌가 될 것입니다. 모든 사람이 예수님의 이름 앞에 무릎 꿇게 하려고 오셨음을 보여 줍니다. 그 결과 우리 믿음이 어떤 위협에도 대처할 수 있도록 강인해집니다.[4]

4. 요한복음 18장 37-38절을 찾아 읽어 보세요. 예수님은 이 땅에 오신 목적이 무엇이라고 말씀하시나요?

예수님이 빌라도에게 재판을 받는 장면입니다. 예수님은 이 땅

의 왕이 됨을 알리기 위해, 진리에 대해 증언하기 위해 왔다고 말씀하십니다. 빌라도는 예수님이 왕이라는 말씀을 듣고 심각하게 "진리가 무엇이냐"라고 되묻습니다. 그리고 예수님의 어떤 죄도 찾아내지 못하고 풀어 주고자 합니다. 우리가 주님이라고 고백할 수 있는 영원한 왕, 만국의 왕은 로마 황제가 아니라 예수님임을 마음에 분명히 새겨 주는 말씀입니다. 초대교회 성도들은 이 믿음으로 죽음까지 감내했습니다. 승천하신 주님은 만국의 왕으로 왕의 자리에 영원토록 앉아 계신다는 뜻입니다. 우리의 구원은 보좌에 앉으신 하나님과 어린양께만 있습니다.

— 하늘의 보좌와 권세를 얻지 못한 사탄은 땅에 내려와 교회와 성도들을 괴롭힙니다.

5. 요한계시록 12장 7-10절을 읽어 보세요. 하늘의 전쟁에서 누가 승리합니까? 그리고 패배한 존재는 어디로 쫓겨납니까?

- -

하늘의 전쟁에서 하나님의 천사 미가엘이 승리하는 장면입니다. 이 용은 하늘에 올라가 권세를 잡으려고 시도했습니다. 원래 사탄은 하나님과 같이 되려고 하는 존재였습니다. 하나님에 대한 하늘의 반역에서 자기의 생애를 시작했습니다.[5] 주님은 하늘 보좌에 사탄이 있을 자리를 허락하시지 않습니다. 그리고 하나님은 그 사탄을 쫓아내십니다. 실제로 하나님의 천사장인 미가엘과 그의 사자들에 의해 쫓겨납니다. 사탄은 하나님과 싸울 수 있는 대상도 아닙니다. 이사야 14장 12절에는 "너 아침의 아들 계명성이여 어찌 그리 하늘에서 떨어졌으며"라고 기록되어 있습니다. 사탄은 하늘에 있을 자리가 없습니다. 예수님의 사심과 죽으심, 부활과 승천을 통해 사탄의 권세는 하늘에서 힘을 잃어버렸습니다. 승천하신 예수님은 사탄이 하늘 보좌에 앉지 못하도록 내쫓으셨습니다. 결국 사탄은 분노하며 이 땅에 내려와 성도들을 괴롭히기 시작합니다. 하늘의 권세와 보좌를 얻지 못한 사탄은 예수 그리스도를 믿는 사람들을 넘어뜨리고 타락하게 만듭니다. 사탄은 거짓말을 일삼으며 사람들을 참소하고(죄가 있는 것처럼 꾸며 일러바치고) 고소하는 데 전문가입니다. 심지어 사람들이 순수하게 말하는 것도 뒤틀어 왜곡시키는 것이 사탄의 역할입니다. 바꿔 말하면 우리가 그런 식으로 사람을 대할 때 사탄의 도구로 전락하고 만다는 뜻입니다. 예를 들어 어떤 사람이 순수한 삶을 살아가는데 그 사람을 왜곡하고 욕하는 것은 사탄이 우리를 이용하기 때문입니다.[6]

──예수님의 십자가와 부활을 믿고 말씀 위에 서 있는 성도들은 하늘에 기록된 자신의 이름으로 기뻐하며 살아갑니다.

6. 누가복음 10장 18-20절을 찾아 읽어 보세요. 성도들은 무엇으로
   기뻐하는 삶을 살아야 합니까?

　사탄은 땅에 떨어진 존재입니다. 하늘의 권세를 얻지 못한 사탄은 이 땅의 그리스도인을 거짓된 삶으로 이끕니다. 거짓된 모습이 우리의 본모습인 양 착각하게 만들고, 우리의 죄를 참소하는 것이 사탄의 역할입니다. 그래서 주님의 자녀가 아닌 것 같은 마음을 갖게 만듭니다. 그러나 예수님은 단호히 "너희 이름이 하늘에 기록된 것으로 기뻐하라"고 말씀하십니다. 제자들을 세상 속으로 파송하시면서 귀신을 제어하거나 기적 같은 일이 일어났다고 기뻐하지 말고 하나님 나라의 생명책에 이름이 기록된 것을 기뻐하라고 말씀하십니다. 찬송가 180장 〈하나님의 나팔 소리〉의 가사처럼 자신의 이름이 불리고 하나님 나라의 잔치에 참여할 것을 기뻐하는 성도가 되어야 합니다. 예수 그리스도의 죽으심과 부활을 믿고 살아가는 성도들은 사탄의 그 어떤 방해에도 넘어지지 않고 하늘에 기록된 자신의 이름으로 말미암아 기뻐하며 승리하는 삶을 살아갈 수 있습니다.

7. 요한계시록 12장 11-12절을 읽어 보세요. 성도들이 사탄과 싸워
   이길 힘의 근원은 무엇인가요?

   주님은 믿음으로 끝까지 충성하다가 순교한 성도들이 있다는
것을 기억하십니다. 이들의 믿음은 십자가와 부활에 뿌리내리고
있으며, 말씀의 갑옷을 입고 사탄을 대적할 힘이 됩니다. 이 위대
한 사건을 뒤따르는 승리의 노래는 미가엘이 아니라 하나님의 백
성에게 승리의 공을 돌립니다.[7] 자신들이 증언하던 말씀으로 이긴
것입니다. 하나님의 말씀이 승리의 근원입니다. 십자가에서 피 흘
리신 주님으로 말미암아 모든 죄를 용서받았다고 믿는 성도들을
참소할 자는 아무도 없습니다. 하늘에서 쫓겨난 사탄은 자신이 활
동할 수 있는 기간이 얼마 남지 않았음을 알고 있습니다. 하나님
나라가 가까이 다가오고 있기 때문입니다. 이처럼 자신이 언제 죽
을지 분명히 알고 활개를 치는 사탄은 오히려 우리보다 믿음이 더
좋아 보이기까지 합니다. 화가 난 사탄은 더 열심히 활동하며 맹
렬히 교회와 성도들을 공격할 것입니다. 교회가 이 세상에서 고통
을 당하고 있다는 것은 사탄이 승리했다는 사인(sign)이 아닙니다.
오히려 사탄이 패했다는 표시입니다. 마지막 때가 오고 있음을 아
는 사탄은 자신이 진 것을 알기에 발버둥을 칩니다. 사탄은 베들
레헴에 오신 그 아이가 왕이 되는 것을 원하지 않습니다. 예수님

이 보좌에 앉으신 것을 알고, 자신이 흔들 수 없다는 것도 알고 있습니다. 그래서 예수님을 따르는 자들을 괴롭히기 위해 맹렬히 공격하는 것입니다.[8]

— 땅에서 사탄의 공격이 아무리 거셀지라도 하늘 보좌에 계신 주님은 성도들의 강한 성과 방패와 병기가 되어 주십니다.

8. 요한계시록 12장 13-16절을 읽어 보세요. 여자가 박해를 받는 기간과 보호를 받는 기간은 각각 얼마인가요?

사탄이 여자를 핍박합니다. 여자는 교회를 상징합니다. 하나님의 자녀들을 배출하는 교회, 예수님을 좇는 사람들을 낳는 교회를 공격합니다. 사탄이 공격하는 기간은 "한 때와 두 때와 반 때"입니다. 3년 6개월(42개월)입니다. 앞서 11장에서 살펴보았듯이 6개월에 완전 숫자인 일곱을 곱한 기간입니다. 그런데 사탄이 공격하는 기간과 하나님이 우리를 보호하고 역사하시는 기간이 3년 6개월로 동일합니다. 영원한 핍박이 아니라 잠시 동안의 핍박입니다. 그래서 사탄은 가능한 한 최선을 다해 악한 일을 행하려고 몸부림칩니다. 용은 여자를 물에 떠내려가게 하려고 엄청난 물을 입에서 토해 냅니다. 그러나 땅이 그 입을 벌려 용이 토한 강물을 다 삼

켜 버려 여자를 죽이지 못합니다. 이것은 애굽에서 탈출한 하나님의 백성, 광야 교회가 홍해 앞에서 떨고 있던 장면을 떠오르게 합니다. 하나님은 그 모든 바다를 가르시고 마른 땅 위를 건너가게 하셨습니다. 그 후에는 쫓아오던 애굽 군대를 바다에 묻어 버리시는 역사를 펼치셨습니다. 요한계시록의 서곡과도 같은 장면입니다. 이처럼 이 삼 년 반의 시간은 이스라엘 백성이 애굽을 떠나 약속의 땅으로 들어가는 기간을 상징합니다. 예수님이 죽으시고 부활하신 그날부터 이 땅에 다시 오실 기간을 뜻합니다. 이 기간에 사탄이 발버둥치지만, 결국 그가 졌다는 사인임을 알고 승리의 노래를 부르며 행진해야 합니다. 이런 때일수록 우리는 영의 갑옷을 입고 더 열심히 십자가의 복음을 전하며 한 영혼이라도 더 하늘의 생명책에 기록되도록 해야 합니다. 분명한 것은 주님의 나라는 반드시 오고, 그때 사탄은 완전히 정복됩니다.

9. 요한계시록 12장 17절을 읽어 보세요. 용은 누구와 싸우려고 준비합니까?

사탄은 쉽게 포기하지 않습니다. 여자의 후손을 상징하는 성도들과 또다시 싸우기 위해 단단히 준비합니다. 12장의 우주적 전쟁은 하늘에서 쫓겨난 사탄이 분노한 채 얼마나 교회와 성도들을 뒤

흔들고 있는지를 잘 보여 줍니다. 그렇다면 사탄은 구체적으로 성도들을 어떻게 괴롭힐까요? 사탄은 세 가지 특징을 갖춘 존재입니다. 중상모략하는 자, 속이는 자, 위협하는 자입니다. 먼저 우리의 죄를 참소하고 고소하여 그리스도인답지 못하다는 생각을 심어 주려고 합니다. 하나님의 사랑을 받을 만한 가치가 없는 존재라고 생각하게 만들어 버립니다. 그리고 진리를 왜곡하고 속여 잘못된 길로 가게 합니다. 우리가 말씀으로 무장한 채 말씀만 좇아가야 하는 것은 이런 이유 때문입니다. 마지막으로 우리를 위협하며 두려움 가운데 떨게 만듭니다. 예수님을 믿으면 이 세상에서 핍박과 죽임을 당하게 되리라는 두려움을 갖도록 끊임없이 위협을 가합니다. 주님을 떠나거나 타협하며 살게 하려는 계략입니다. 사탄의 입에서는 고소와 속임수와 위협의 홍수가 흘러나오지만, 우리 주님의 입에서는 생명의 강이 흘러나오고 있음을 잊어서는 안 됩니다.[9] 고난은 승리의 반증입니다. 종교개혁가 마르틴 루터(Martin Luther, 1483-1546)의 찬송처럼 고난 속에서도 "내 주는 강한 성이고 방패와 병기가 되신다"는 것을 믿고 승리하며 나아가야 합니다.

13장
두 짐승의 권세
The Beasts from the Sea and the Earth

13장에는 용과 두 짐승이 등장합니다. 욥기에도 두 짐승이 등장하는데, 41장 1절의 리워야단은 바다의 짐승이고, 40장 15절의 베헤못은 땅의 짐승으로 소개됩니다. 그런데 요한계시록을 자세히 살펴보면 아주 재미있는 표현이 있습니다. 용과 두 짐승은 보좌에 앉으신 주님과 비슷한 듯 다른 모습을 보여 줍니다. 용이 자신의 도구로 사용하기 위해 바다의 짐승과 땅의 짐승을 불러내어 셋이서 합작합니다. 용은 성부, 바다에서 나오는 짐승은 성자, 땅에서 나오는 짐승은 성령을 비슷하게 흉내 내고 있습니다.[10] 용과 두 짐승은 사탄의 삼위일체 모조품처럼 보이고, 주님의 흉내를 내고 있습니다.

── 사탄은 주님을 흉내 내고 비방하여 교회와 성도들을 혼란에 빠뜨리는 존재입니다.

10. 요한계시록 13장 1-2절을 읽어 보세요. 열 개의 뿔과 일곱 개의 머리는 역사적으로 무엇을 상징합니까?

요한계시록은 먼저 바다에서 올라온 짐승을 설명합니다. 그 머리에는 신성 모독하는 이름들이 있습니다. 로마 시대의 황제 숭배를 뜻합니다. 머리가 일곱인 것은 아우구스투스 황제(Gaius Julius Caesar Augustus, BC 63-AD 14) 이후 일곱 명의 황제를 지칭합니다. 티베리우스, 칼리굴라, 클라우디우스, 네로, 베스파시아누스, 티투스, 도미티아누스입니다. 일곱 명의 황제는 자신을 신으로 부르도록 했습니다. 뿔이 열 개인 것은 네로 사망 이후 혼란을 틈타서 18개월 동안 짧게 왕권을 잡은 세 명을 더한 숫자입니다.[11] 일곱 명의 황제 가운데서 신격화에 가장 큰 공을 들인 사람은 일곱 번째인 도미티아누스 황제로, 사도 요한이 살던 때입니다. 그는 노골적으로 황제를 '신'이나 '주'라고 부르게 했습니다. 자신을 라틴어로 도미누스, 헬라어로 퀴리어스(주님)라고 부르게 한 것입니다. 심지어 네로 황제(Nero Claudius Caesar Augustus Germanicus, 37-68)는 화폐에다가 자신이 세상의 구주라는 명칭을 새겨 넣기까지 합니다.[12] 땅에서 나오는 짐승의 모양은 다니엘 7장 3-7절에 등장하는 네 짐승의 모습을 묘사한 것입니다. 다니엘서에 나온 네 짐승이 그 당시 바벨론과 메대, 페르시아, 헬라를 상징했다면, 여기서는 네 짐승의 특징을 하나로 합해 악한 제국들의 악함을 모두 갖춘 로마제국을 상징합니다. 그리고 이런 것들을 상징하는 세력은 역사 속에 언제나 등장할 수 있습니다. 그래서 요한계시록은 하나님의 역사 안에서 세상을 바라보게 합니다.

11. 요한계시록 13장 3절을 읽어 보세요. "그 죽게 되었던 상처가 나으매"는 무슨 뜻입니까?

두 가지 의미가 있습니다. 역사적으로 보면 당시 퍼져 있던 네로 황제에 대한 소문을 가리키는 듯합니다. 역사적 기록에 따르면 네로가 워낙 악독했기 때문에 그가 자살해 죽었음에도 죽지 않고 어느 강한 군대에 피신해 있다가 그 군대를 이끌고 다시 돌아올 것이라는 소문이 끊임없이 돌았습니다.[13] 이런 역사적 배경 안에서 요한계시록은 미래를 볼 수 있게 합니다. 역사 속에는 하나님을 대적하는 세력들이 나타나 활동하다가 사라지곤 합니다. 반면에 13장의 전체적 흐름에서 3절을 읽는다면 예수님의 십자가와 부활을 모방하는 장면이 나옵니다. 그러나 분명한 사실은 사탄의 세력은 주님이 오시는 날까지 절대로 부활할 수 없다는 것입니다. 단지 소생하고 일어날 뿐입니다. 그저 하나님을 흉내 낼 뿐이지 결코 하나님일 수 없습니다.

12. 요한계시록 13장 4-6절을 읽어 보세요. 용이 하는 행동에서 무엇이 느껴지나요?

사탄은 하늘 보좌를 차지하고 그 권세를 누리고 싶어 했습니다. 그러나 실패하자 끊임없이 주님을 흉내 내며 땅에 있는 성도들을 미혹합니다. "누가 이 짐승과 같으냐 누가 능히 이와 더불어 싸우리요 하더라"는 것은 하나님이 하신 말씀인 "그들의 진노의 큰날이 이르렀으니 누가 능히 서리요 하더라"(6:17), "누가 그 두루마리를 펴며 그 인을 떼기에 합당하냐 하나"(5:2)를 사탄이 그대로 흉내 내는 장면입니다. 사탄은 초대교회 성도들을 현혹하기에 급급합니다. 주님을 선택해야 하는지, 사탄을 따라가야 하는지 혼란스럽게 만듭니다. 짐승은 하나님을 부정하며 신성 모독하는 입의 권세를 마흔두 달(3년 6개월) 동안 용으로부터 받았습니다. 사탄은 이렇게 시간이 제한되어 있음을 알고 성도들을 공격합니다. 그리고 짐승이 입을 열어 하나님을 비방하기 시작합니다.

— 인내하며 믿음을 지켜 나가는 성도들은 주님 품 안에서 안전하게 보호받을 수 있습니다.

13. 요한계시록 13장 7-8절을 읽어 보세요. 사탄이 모든 나라와 민족을 다스리는 권세를 받았다는 것은 무슨 의미일까요?

"각 족속과 백성과 방언과 나라"라는 표현도 앞서 살펴보았던

5장 9절과 7장 9절에서 하나님을 찬양하며 영광을 올려 드리는 장면을 그대로 모방한 것입니다. 모든 나라를 다스리는 것처럼 표현하고 있습니다. 주님을 섬기지 않는 자들은 사탄의 도구들을 경배할 수밖에 없습니다. 생명책에 기록되지 못한 사람들은 자신도 모르게 다른 것을 숭배하게 됩니다. 사탄을 숭배하고 있는 줄 모른 채 사탄을 섬기는 삶을 살아갑니다. 주님을 온전히 알지 못하는 사람들은 자신도 모르게 사탄에게 굴복하는 삶을 사는 것입니다. 이것이 바로 사탄의 전략입니다. 게다가 사탄이 성도들과 싸워 이기는 것처럼 말하고 있습니다. 그러나 죽임을 당한 어린양의 생명책에 기록된 자들은 절대 패배하지 않습니다. 주님의 품 안에서 보호를 받습니다. 예수님은 누가 자신의 백성인지 다 알고 계시며, 이들을 보호하실 권세와 능력이 있기 때문입니다.

14. 요한계시록 13장 9-10절을 읽어 보세요. 환난과 핍박을 이겨 낼 성도들의 힘은 무엇입니까?

교회와 성도들의 힘은 방어만으로 승리를 취하는 것이 결코 아닙니다. 오히려 인내하는 믿음으로 승리합니다. 하나님은 누구든지 귀가 있으면 들으라고 외치시며, 여기에 성도들의 인내와 믿음이 살아 있다고 선포하십니다. 하나님을 향한 충성을 포기하지 않

는 것이 우리의 영적 갑옷이며 무기입니다. 요한계시록은 혹독한 재앙과 심판이 반복되는 상황에서도 하나님이 살아서 역사하시는 구원의 은혜가 늘 함께한다는 것을 보여 주는 책입니다. 인내와 믿음이라는 이중적 대처는 멍청하게 가만히 당하고 있는 것을 의미하지 않습니다. 하나님의 백성과 마귀 사이에서 벌어지는 전쟁에서 인내와 믿음은 공격적 무기입니다.[14] 하나님의 약속 안에서 인내와 믿음은 성도들을 승리로 인도할 것입니다.

── 어린양의 구속의 피는 오직 예수님께만 있습니다.

15. 요한계시록 13장 11-14절을 읽어 보세요. 땅에서 올라온 짐승에게 어린양처럼 두 뿔이 있다고 묘사합니다. 원래 어린양은 누구를 지칭하나요?

바다에서 올라온 짐승에 이어서 땅에서 짐승이 올라옵니다. 그런데 땅에서 올라온 짐승 사탄에게 어린양처럼 두 뿔이 있다고 묘사합니다. 어린양은 예수님을 부르는 명칭입니다. 역시 예수님을 흉내 내는 가짜 모습입니다. 땅에서 올라온 짐승은 사람들이 바다에서 올라온 짐승에게 절하도록 만듭니다. 사탄은 애굽의 마술사들이 기적을 행했던 것처럼 동일한 기적을 행합니다. 그런 식으로

사람들을 현혹하지만 사탄은 결코 어린양의 피를 줄 수 없음을 잊지 말아야 합니다. 온갖 화려한 기적이 눈앞에 펼쳐진다고 해도 유월절은 예수님만이 행하실 수 있는 유일한 구원 사건입니다. 또한 죽은 것 같다가 다시 살아난 짐승을, 마치 부활한 것이 아님에도 부활한 것처럼 현혹하는 사탄을 숭배하게 만듭니다. 예수님과 비슷한 모양새를 갖추기 위해 사탄은 부활의 능력이 있는 것처럼 자신을 포장합니다. 용은 성부, 바다에서 나오는 짐승은 성자, 땅에서 나온 짐승은 성령의 흉내를 내면서 불경스러운 삼위일체를 이룹니다. 그들에게는 선한 것이 하나도 없으며, 그저 최선을 다해 선한 것을 흉내 내려고 합니다. 이것들은 모두 삼류 모조품입니다.[15]

— 성령의 인침을 받은 성도들은 짐승의 표를 두려워하지 않습니다.

16. 요한계시록 13장 15-17절을 읽어 보세요. 땅에서 올라온 짐승은 성령을 흉내 내기 위해 어떤 행동을 합니까?

- -

짐승의 우상에게 생기를 주는 모습은 하나님이 사람을 창조하시고 그 코에 생기를 불어넣는 행동(창 2:7)을 그대로 모방한 것입니다. 그러나 짐승이 주는 생기는 성령인 것 같지만 절대로 성령이 아닙니다. 성령을 흉내 내는 것일 뿐입니다. 또한 오른손이나 이마에 표를 받게 하는 행위는 하나님이 믿는 자들에게 성령의 인을 치는 것과 비슷한 모양새입니다. 이마에 표를 받는다는 것은 이 사람이 사탄의 생각과 사상에 동의하고 헌신한다(commitment)는 뜻입니다. 오른손에 받는 표는 사탄의 일을 수행한다는 증거입니다. 그러므로 이 표는 현대에 우리가 흔히 생각하는 '칩(chip)'의 개념이 아닙니다. 이것은 자신이 누구에게 속한 자인지를 구별해 주는 '소유권'의 문제입니다. 성령께서 인치실 때 주님의 성품이 우리 안에 들어와 우리의 인격이 주님을 닮아 가도록 도와줍니다. 마찬가지로 사탄은 자신의 성품을 집어넣어 분노하고 악하게 살아가도록 만듭니다. 하나님을 떠나 세상의 악한 모든 일에 동참하는 마음과 몸을 뜻합니다.[16] 한편 '숫자 찍힌' 표를 사람끼리 거래할 수 있다는 표현은 요즘 영화에서나 볼 법한 이야기입니다. 100퍼센트 무시할 것은 아니지만 그렇다고 함부로 적용해서도 안됩니다. 중요한 것은 믿음의 성도들은 모두 주의 소유된 백성이라는 점입니다. 그러므로 사탄을 두려워하지 말고 구원의 감격을 간직한 채 고난을 이겨 나가는 데 집중해야 합니다.

— 사탄은 완전하게 불완전한 존재이며 삼위일체 하나님을 흉내 내는 모조품에 불과합니다. 성도들은 육백육십육(666)을 두려 워할 이유가 전혀 없습니다.

17. 요한계시록 13장 18절을 읽어 보세요. '육백육십육'은 무엇을 뜻 하나요? 666에 대해 지금까지 어떤 지식을 갖고 있나요?

육백육십육은 아마도 기독교 역사에서 가장 많은 해석이 시도 되었던 숫자일 것입니다. 이 숫자의 비밀을 파헤치기 위해 엄청난 노력을 기울여 왔습니다. 그리스도인들은 이유도 모른 채 이 숫자 를 두려워하기도 했습니다. 하나님을 반대하는 사람들은 이것을 자신들의 성스러운 숫자인 양 신비하게 다루어 왔습니다. 그 당 시 사람들은 숫자를 알파벳으로 표현했습니다. 예를 들면 네로 황 제의 이름을 라틴어로 옮기면 네론이 됩니다. 네론에 숫자의 의미 를 부여하면 N=50 E=6 R=500 O=60 N=50이 되고, 이 숫자를 더 하면 666이 됩니다. 신기하게도 '네로 황제'는 히브리어로 해도 666입니다. 또 다른 예로 A를 100으로 시작하면 H는 107, I는 108, T는 119, L은 111, E는 104, R은 117입니다. 이 단어는 HITLER이 고 숫자를 모두 합하면 666이 나옵니다.[17]

그러나 육백육십육이 실제로 상징하는 것은 이것이 아닙니다.

6은 완전 숫자 7에서 하나가 모자랍니다. 그리고 7에 가깝기는 하지만 절대로 6이 7은 아닙니다. 유대 랍비들은 숫자 6에 대해 '불완전'의 상징으로 여겼습니다. 지금까지 요한계시록은 하나님과 교회를 표현할 때 항상 7을 썼습니다. 일곱 교회와 일곱 촛대부터 시작해 일곱 인, 일곱 나팔, 일곱 대접 등 완전 숫자를 사용하면서 앞으로 펼쳐질 하나님 나라의 도래를 예고해 왔습니다. 왜냐하면 하나님의 말씀은 완전하기 때문입니다. 그러나 짐승의 숫자는 6으로 채워져 있습니다. 사탄이 쓸 수 있는 최고 숫자는 6밖에 되지 않습니다. 사탄은 하나님을 흉내 내는 타락한 존재이기 때문입니다. 반면에 3은 완전한 숫자입니다. 666은 불완전한 숫자 6이세 번 반복됩니다. 즉 6이 세 개라는 것은 '완전하게 불완전하다(completely incomplete)'는 뜻입니다.[18] 언제나 하나님의 영광에 이르지 못함을 뜻합니다. 사탄은 불완전한 존재이며 삼위일체의 모조품입니다. 결국 붉은 용과 바다의 짐승, 땅의 짐승은 하나님이 되고 싶다는 열망을 갖지만 절대로 될 수 없습니다. 666은 '실패에 실패에 실패(Failure upon failure upon failure)'를 뜻합니다.[19] 666은 777에 세 번씩이나 못 미치는 삼중적 실패작입니다.[20] 그런데 안타깝게도이 숫자가 무언가 큰 힘을 가진 것처럼 따르고 숭배하는 사람이 적지 않습니다. 사탄은 진리와 진실을 가리고 훼손하며 혼란스럽게 만드는 완전하게 불완전한 존재입니다. 그러므로 반드시 실패할 수밖에 없습니다. 이런 사실을 안다면 성도들은 육백육십육에 대한 두려움을 가질 필요가 없습니다. 이 숫자는 우리가 우습게 여겨야 할 숫자이고, 하나님 앞에서 실패와 패배를 인정하는 숫자이며, 하나님의 권세에 짓밟힌 숫자입니다. 오직 우리 주님만이 언제나 변함없이 완전하신 분입니다. 그러므로 인내하며 주님을 믿고 따르는 길만이 우리가 사는 길이고 승리의 길입니다. 우리에게는 예수 그리스도의 계시인 요한계시록 22장이 주어졌습니다.[21]

──성령의 인침을 받고 영원한 복음을 믿으며 인내하는 성도들은
심판과 진노 앞에서도 안전합니다.

18. 요한계시록 14장 1-5절을 읽어 보세요. 십사만 사천 명의 이마에
는 무엇이 기록되어 있나요?

어린양과 그 아버지의 이름이 이마에 기록된 십사만 사천 명
이 어린양과 함께 시온산에 서 있습니다. 하늘에서 들려오는 하나
님의 음성은 많은 물소리와 같고 우렛소리와도 같습니다. 어느 누
구도 모를 수 없을 정도로 크고 위력적입니다. 그러나 우리에게는
거문고 켜는 소리처럼 위로를 주는 평안의 음성으로 들려옵니다.
십사만 사천 명은 구원받은 자만의 특권인 찬송을 부릅니다. 오직
구속함을 얻은 자만이 하늘에서 새 노래를 부를 수 있습니다. 인
침을 받은 성도들은 순결한 백성이며 어린양께 속한 자들로, 어느
곳이든 주님의 인도하심을 따라가는 사람들입니다.

19. 요한계시록 14장 6-13절을 읽어 보세요. 세 천사는 각각 무엇을 선포하나요?

세 천사의 메시지가 등장합니다. 첫째 천사는 영원한 복음을 가졌습니다. 심판의 시간이 오고 있음을 알립니다. 우리가 해야 할 일은 불완전한 존재에 영향을 받으며 흔들리는 것이 아니라 영원한 복음의 주인 되시는 주님만을 경배하고 찬송하는 것입니다. 둘째 천사는 바벨론의 멸망을 예고합니다. 제국 바벨론은 다른 나라를 집어삼킬 뿐 아니라 악을 전해 주는 악의 상징과 같습니다. 이보다 더 악한 나라가 로마제국입니다. 당시 전 세계를 호령하던 로마제국을 바벨론으로 표현하며 멸망을 예고합니다. 복음 뒤에 심판이 있음을, 복음을 거절하는 자에게는 여호와의 진노밖에 없음을 선포하고 있습니다. 셋째 천사는 진노의 포도주를 마실 사람이 있음을 선포합니다. 하나님을 믿지 않고 다른 것을 섬기는 자, 짐승의 표를 받은 자는 누구든지 밤낮 쉼을 얻지 못하는 고통에 들어갑니다. 당시 그리스도인들은 믿음을 지키다가 원형극장에서 사람들이 보는 앞에서 죽임을 당했습니다. 그러나 주님이 오시는 날에 그 진노와 심판이 분명히 임합니다. 수많은 진노와 심판이 임해도 예수 그리스도를 믿으며 인내한 사람들은 안전할 것입니다. 즉 행위의 구원이 아니라 하나님 아래에 있는 그 성품을 따라

산 상급이 그들에게 주어집니다. 이제 "지금 이후로 주 안에서 죽는 자들은 복이 있도다"라고 선언하며, "그들이 수고를 그치고 쉬리니 이는 그들의 행한 일이 따름이라"고 말씀합니다. 이것이 바로 부활의 은총입니다. 여기서 주의해야 할 것은 이 본문이 행위로 말미암은 구원을 강조하려는 것이 아니라는 점입니다. 구원은 은혜입니다. 은혜를 붙들고 믿음을 지키려는 마음, 그 성품을 뜻하는 표현입니다.[22]

20. 요한계시록 14장 14-20절을 읽어 보세요. 두 가지 추수는 어떤 뜻입니까?

14장은 두 가지 추수 이야기로 마무리됩니다. 먼저 하나님의 백성을 추수하시는 구원의 추수입니다. 주님이 다시 오실 것을 상기시키고 있습니다. 그리스도를 통한 추수가 이루어질 때 성도들의 구원이 완성됩니다. 그러나 주님이 오실 때 또 다른 추수가 일어납니다. 두 천사를 통해 집행되는 심판의 추수입니다. 그 심판과 진노는 천육백 스다디온(320km) 분량만큼 피가 퍼져 나가는 추수입니다. 주님은 "하나님 앞에 설 자가 누구냐"라고 질문하십니다. 어린양의 피에 그 옷을 씻음 받은 사람입니다. 주 예수를 믿어 성령의 인침을 받은 자밖에 없습니다. 그 상징적인 숫자가 십사만

사천 명입니다. 육백육십육을 두려워하는 것이 아니라 그것이 가짜인 것을 아는 사람입니다. 다시 오실 예수 그리스도와 왕 노릇 하는 날을 꿈꾸면서 핍박 가운데서도 인내하는 믿음으로 승리의 삶을 걸어가는 사람입니다. 이 땅의 모든 성도가 다시 오실 예수 그리스도와 함께 왕 노릇 하는 승리의 날이 올 것입니다. 이것이 복음입니다.

캐나다에는 유나이티드(The United Church of Canada)라는 개신교 교단이 있습니다. 그 교단에 속한 어느 목회자가 충격적인 고백을 한 내용의 기사가 〈밴쿠버 선(The Vancouver Sun)〉에 실렸습니다.[23] 그는 더 이상 하나님의 존재를 믿을 수 없으며, 무신론자(atheist)가 되었다고 선언했습니다. 유나이티드 교단에서는 이 사안을 심사했지만, 이 목회자를 교단 소속의 목사로 계속 유지하기로 했습니다. 이 기사를 작성한 종교부 기자는 다음과 같은 질문을 던졌습니다. "유나이티드 교단이 과연 영혼들을 위해 하나님의 말씀을 전하는 일을 계속할 수 있을까요?" 박해와 핍박이라는 초대교회의 상황에서는 목숨을 걸고 신앙을 지켰는데, 지금 이 시대는 혼란을 가중하며 진리를 왜곡하는 데 여념이 없어 보입니다. 복음의 본질을 흐려 놓고 성도를 기만하는 사탄의 전략이 곳곳에 숨어 있습니다. 여기에 영적 지도자마저 이용당하고 있는 꼴입니다. 성경의 마지막 책인 요한계시록은 믿음의 허리띠를 단단히 조이고 인내의 신발 끈을 질끈 동여매도록 만들어 주는 주님의 선물입니다. 이 시대에 넘쳐나는 사탄의 미혹과 간계를 잘 분별하고 인내하는 믿음으로 승리하는 삶을 살아가길 바랍니다.

　　주님, 세상이 너무 혼란스럽습니다. 복음을 가슴에 품고 어린 양의 길을 따르기가 정말 어렵습니다. 사탄은 자신을 따르고 숭배하도록 화려한 옷을 입고 매혹적인 손놀림으로 우리를 유혹하고 있습니다. 자신이 구세주인 것처럼 거침없이 활보하고 다닙니다. 우리 영의 눈을 열어 주셔서 진리를 진리로 볼 줄 알고 추한 것을 추한 것으로 분별해 내는 힘을 주옵소서. 감각적인 만족과 이기적인 배부름을 바라는 것이 아니라 오로지 하늘 생명책에 자기 이름이 기록된 것에 기뻐하며 살아가게 하옵소서. 주님이 다시 오시는 그날까지 인내하는 믿음으로 세상의 유혹과 고난을 이겨 내는 승리의 삶을 살겠습니다. 예수 그리스도의 이름으로 기도합니다. 아멘.

◇◇◇◇◇

너희에게 인내가 필요함은 너희가 하나님의 뜻을

행한 후에 약속하신 것을 받기 위함이라

히 10:36

The Word
Worship
Sealed
Witness
Perseverance
Judgment
Anticipation
The Kingdom

제6과

완전한 심판이 승리입니다

요한계시록 안에는 승리의 노래가 있습니다. 그 이유는 완전한 심판과 완전한 구원이 올 것이기 때문입니다. 악한 것들이 심판받는 것을 기뻐하는 것이 아닙니다. 마지막 심판의 때에 하나님의 의로움이 이 땅에 이루어지는 것을 기뻐하는 것입니다. 부분적 심판은 예고편과 같습니다. 하지만 마지막 심판은 총체적 심판입니다. 더 이상 회개의 기회는 없습니다. 그러므로 하나님의 심판의 메시지는 그리스도인의 승리만 선포하는 것이 아닙니다. 동시에 교회가 잊지 말아야 할 선교적 사명을 깨우고 있습니다. 하나님의 심판이 오기 전에 땅끝까지 이 복음을 전하는 사명을 감당하라고 교회를 향해 주님이 외치고 계십니다.

요한계시록 15-18장

"부분적 심판이 끝나고 완전한 심판이 임하면 다시는 회개할 기회가 주어지지 않습니다. 일곱 천사는 하나님의 진노가 담긴 일곱 대접을 땅에 쏟아 붓습니다. 하나님을 대적하는 사탄의 세력, 하나님을 흉내 내는 짐승의 세력에게 가해지는 궁극적 심판입니다. 바벨론 역시 심판 대상에서 예외일 수 없습니다. 바벨론은 이 세상의 권력과 제도를 가지고 온갖 악행을 저지르는 사탄의 권세를 뜻합니다. 교만과 사치로 불의에 앞장섰던 사람들은 그들의 행위대로 심판받을 것입니다. 그러나 하나님께 인침을 받은 자, 찬송과 예배로 믿음을 지켜 온 성도들은 이 모든 심판 앞에서도 승리의 기쁨을 누릴 것입니다."

이제 전개되는 재앙과 심판은 앞서 소개된 부분적 심판과는 다른 완전한 심판입니다. 하나님은 우리에게 역사의 끝을 열어 보여 주십니다. 요한계시록에는 일곱 인, 일곱 나팔, 일곱 대접의 심판까지 모두 세 번의 심판이 나옵니다. 완전 숫자 일곱이 완전 숫자인 세 번 반복됩니다. 즉 777입니다. 하나님은 777로 666을 완전히 심판하며 무너뜨리십니다. 15-18장은 666처럼 하나님이 아닌 것을 섬기고 쫓는 자들을 완전히 심판하신다는 내용을 담고 있습니다. 여기서 한 가지 염두에 둘 것은 요한계시록이 계속해서 시각적 이미지를 사용하고 있다는 점입니다. 로마제국은 황제와 신을 숭배하기 위해 수많은 동상과 신전을 세웠습니다. 로마의 힘을 시각적으로 과시하기 위해 곳곳에 건축물을 세우고 축제를 즐겼습니다. 하나님이 보실 때 이런 모습이 모두 짐승처럼 보이지 않았을까요. 요한계시록은 기독교의 예언적 선포로, 로마의 것과 반대되는 이미지를 사용해 그리스도인들의 가슴속에 새로운 비전을 심어 주고자 합니다. 눈앞에 보이는 로마제국, 세상의 권력이 주는 힘과 그 상상력을 지워 버리고, 대신에 앞으로 이 세상이 어떻게 펼쳐질지 보여 줍니다. 그래서 우리가 믿음의 길을 끝까지 걸어가도록 일으켜 세워 주는 책이 바로 요한계시록입니다.

들어가기 Intro

종말의 때, 하나님의 완전한 진노의 심판이 이루어질 때 세상의 자랑과 교만은 반드시 멸망합니다. 그러나 어린양의 생명책에 그 이름이 기록된 자들은 심판과 환난 가운데서도 안전할 수 있습니다. 지금 당장 심판이 임해도 자신이 안전하리라는 믿음이 있습니까? 오히려 기뻐할 준비가 되어 있습니까?

15장 1-4절
승리의 노래
The Song of Victory

— 하나님의 놀라운 계획과 그 역사를 바라보는 사람은 어떤 상황
에서도 찬송하며 승리의 길을 걷습니다.

> 1. 요한계시록 15장 1-2절을 읽어 보세요. 유리 바다는 무엇을 상징합
> 니까? 그리고 그 바닷가에 서 있는 사람들은 어떤 사람인가요?

일곱 천사가 가진 일곱 대접의 재앙에 대한 말씀입니다. 이것
이 마지막 심판입니다. 이 이야기를 소개하기에 앞서 승리에 취해
노래 부르는 성도들의 모습을 보여 줍니다. 불이 섞인 유리 바다
같은 것이 있습니다. 유리 바다는 맑고(clear) 투명한(translucent) 하나
님의 임재와 의로우심을 상징합니다. 그곳에서 전능하신 하나님
의 놀라운 역사와 공의가 찬송을 받게 됩니다.[1] 성경에서 불은 심
판의 상징입니다(출 9:23-24 마 3:12).[2] 심판이 임하는 바다 같은 곳,
맑은 바다 같은 곳에서 "짐승과 그의 우상과 그의 이름의 수를 이
기고 벗어난 자들"이 정결하고 거룩한 하나님 앞에서 거문고를 들

고 있습니다. 이들은 믿음으로 살다가 순교한 사람들입니다. 순교하지 않았어도 끝까지 믿음을 지킨 성도들입니다. 이들 모두 순교의 바다를 안전하게 건너서 하늘의 유리 바닷가에 도착했고 거문고를 들고 서 있습니다.

2. 요한계시록 15장 3-4절을 읽어 보세요. 거문고를 들고 서 있는 이들은 무슨 노래를 부르고 있나요?

거문고를 들고 서 있는 이들이 노래를 부릅니다. 성경학자들은 이 노래를 순교자의 노래라고 부릅니다. 온갖 박해와 핍박을 견뎌내고 있는 초대교회 성도들이 이런 아름다운 모습을 보고 힘을 내도록 사도 요한에게 계시를 주신 것입니다. 두 가지 노래를 부르고 있습니다. 하나님의 종 모세의 노래와 어린양의 노래입니다.[3] 모세의 노래는 유대인들이 안식일 저녁 예배 때마다 불렀던 출애굽기 15장에 나오는 노래입니다.[4] 이 노래는 찬양이 무엇인지 중요한 개념과 특징을 담고 있습니다. 성경에 기록된 찬양은 모두 말씀에서 가져온 것입니다. 찬양은 기본적으로 하나님의 말씀으로 하나님을 높이는 것입니다. 왜냐하면 그들은 하나님이 어떤 분인지를 바르고 정확하게 표현하며 찬송하기 원했기 때문입니다. 그래서 찬송은 근본적으로 하나님을 향하고 있습니다. 자신들에

대한 것이 아니라 어린양을 통해 승리를 주신 하나님에 대한 것만을 노래하고 있습니다.[5]

이스라엘 백성이 하나님께서 그들을 바로에게서 구원하신 후에 바다에서 하나님을 찬송한 것처럼, 교회도 하나님께서 교회를 위하여 짐승을 패배시킨 것에 대해 하나님을 찬송합니다.[6] 하나님을 '만국의 왕'으로 고백하는 것은 하나님이 자기 백성의 역사의 주권자라는 사실을 선포하는 것입니다.[7] 찬송은 역사 속에서 멈추지 말아야 할 성도의 노래입니다. 지금 이 장면에 대해 윌리엄 바클레이는 이렇게 표현합니다.

"그들 자신의 승리와 공적에 대한 것은 한 마디도 없습니다. 그 노래는 처음부터 끝까지 하나님의 위대하심에 대한 것만을 노래합니다. 하늘은 자기의 업적을 잊고 오직 하나님만 기억하게 되는 곳입니다. 하나님을 완전히 보게 되는 곳에서 자신이란 존재를 완전히 잊게 됩니다."[8]

영광의 하나님 앞에 설 때 그들은 이제까지 겪은 고통이 하나님의 위대한 계획 가운데서 비록 작지만 어떤 역할을 했다는 것을 비로소 알게 됩니다. 하나님은 그들이 세계 드라마의 위대한 주제를 알도록 하셨습니다. 하나님과 그 역사를 흔들리지 않는 눈으로 바라보고 찬미하는 그들의 소리가 들리지 않습니까.[9] 하나님의 이 놀라운 계획을 보게 되는 순간 우리는 자신이 얼마나 작은 존재인지를 깨닫게 됩니다. 하나님의 위대하심과 영광 앞에서 모든 자아와 자존심이 자취를 감추는 곳이 바로 천국입니다.[10] 그래서 요한계시록은 우리에게 찬송을 부르게 하는 책입니다. 이 찬송을 부르는 사람은 믿음으로 승리를 취하고, 짐승을 두려워하지 않으며, 끝까지 믿음으로 사는 사람들입니다.

15장 5절-16장
일곱 대접: 하나님의 마지막 심판
The Seven Bowls: God's Last Judgment

—— 요한계시록은 가려진 하나님의 심판 계획과 목적을 보여 줍니다.

3. 요한계시록 15장 5-8절을 읽어 보세요. 하나님의 성전에 연기가 가
   득 찬 이유는 무엇일까요?

- -

승리의 노래를 부른 뒤 이제 마지막 심판이 시작됩니다. 일곱
재앙을 가진 일곱 천사가 성전에서 나와 맑고 빛난 세마포 옷을
입고 가슴에 금 띠를 띠었습니다. 그리고 네 생물 중 하나가 하나
님의 진노를 가득 담은 금 대접 일곱을 일곱 천사에게 건넵니다.
세마포 옷과 가슴에 금 띠는 제사장과 왕의 역할에 대한 표현입니
다. 하나님의 진노를 가득 담은 금 대접은 이 역사의 심판자가 하
나님이심을 정확히 알려 주는 대목입니다. 하나님의 영광과 능력
으로 말미암아 성전에 연기(holy smoke)가 가득 찹니다.[11] 아무도 접
근할 수 없는 하나님의 영광으로 덮여 있다는 뜻입니다. 출애굽기
에서 구름이 회막 위에 덮이고 하나님의 영광이 성막에 충만했던

사건과 비슷한 모습입니다. 모세는 회막에 들어갈 수 없었습니다 (출 40:34-35). 열왕기상에서도 구름이 성전에 가득하여 제사장이 능히 서서 섬기지 못했다고 기록합니다(왕상 8:10-11). 여호와의 영광이 여호와의 성전에 가득했기 때문입니다. 하나님은 왜 영광으로 덮고 아무도 들어오지 못하게 하시는 것일까요? 첫째는 하나님의 계획과 목적은 미리 알지 못하도록 가려져 있어야만 한다는 뜻입니다. 그 가려진 계획을 요한계시록을 통해 우리에게 열어 주십니다. 둘째는 하나님의 영광과 거룩함은 인간의 공로나 노력으로 접근할 수 있는 것이 아니라는 뜻입니다.[12] 이런 하나님의 영광 가운데 16장에서는 일곱 대접의 심판이 펼쳐집니다.

─ 완전한 심판 가운데서도 인침을 받은 자는 살 수 있습니다.

16장 전체에 등장하는 일곱 대접(The seven bowls)의 심판은 이전 재앙과 다르게 완전한 심판이자 마지막 심판입니다. 일곱 나팔(The seven trumpets)이 삼 분의 일의 죽음이라면, 일곱 대접이 쏟아지면 사람을 비롯해 땅과 바다의 모든 것이 죽습니다.[13] 물론 이마에 어린 양 하나님의 이름이 기록된 자들은 살 수 있습니다.

4. 요한계시록 16장 1-7절을 읽어 보세요. 완전한 심판이자 마지막 심판은 누구에게 행해집니까?

첫째 천사가 대접을 땅에 쏟습니다. 짐승의 표를 받은 사람들, 우상을 경배하는 자들에게 재앙을 내립니다. 욥이 겪었던 것과 비슷한 악하고 독한 종기가 납니다. 출애굽기에서 열 가지 재앙을 내릴 때도 하나님의 백성에게는 재앙이 내리지 않았습니다. 둘째 대접은 바다에 쏟습니다. 바다의 모든 생물이 죽습니다. 셋째 대접은 강과 물의 근원에 쏟습니다. 천사는 "전에도 계셨고 지금도 계신 거룩하신 이여 이렇게 심판하시니 의로우시도다"라고 말합니다. 이것은 6장에서 순교자들이 "어느 때까지 하시려 하나이까"라고 외쳤던 기도에 대한 응답입니다.[14] 더 기다려야 하고 더 죽어야 할지 모른다고 말씀하셨던 그 유보의 대답을 이제 성취하신 것입니다. 사탄의 권세가 성도들과 선지자들의 피를 흘리게 했으므로, 하나님이 그들에게 그 피를 마시게 하신 것이 합당하다고 노래합니다. 그러므로 모든 강과 물의 근원이 피가 된다는 말씀은 하나님이 예수 믿는 자들이 흘렸던 그 피를 기억하고 계신다는 뜻입니다.

5. 요한계시록 16장 8-11절을 읽어 보세요. 넷째 대접과 다섯째 대접이 쏟아진 곳은 어디인가요?

넷째 천사가 그 대접을 해에다 쏟습니다. 하나님의 진노를 쏟자 해가 권세를 받아 불로 사람을 태워 죽이기 시작합니다. 그럼

에도 하나님의 이름을 비방하고 회개하지 않으며 주께 영광을 돌리지 않는다고 말씀합니다. 이런 무서운 재앙이 닥쳤음에도 하나님을 비방하며 회개하지 않는다는 것은 회개할 시간, 회개의 기회가 이미 끝났다는 뜻입니다. 사랑의 본성으로 인해 하나님은 언제나 정해진 시점 전에 개입해 타임을 요청하시지 않을 것입니다.[15] 다섯째 천사가 그 대접을 쏟자 정말 통쾌한 장면이 연출됩니다. 하늘의 보좌를 얻지 못한 짐승이 삼위일체를 흉내 내며 땅의 보좌를 차지하고 있었습니다. 그런데 그 보좌의 중심부(왕좌)에 하나님의 진노를 쏟아 붓습니다. 사탄에게 치명타를 입힌다는 뜻입니다. 사탄은 하나님이 만드신 이 세상과 사회 구조 가운데 침투해 들어왔고, 자신의 목적을 위해 하나님이 처음 계획하신 것을 왜곡시켰습니다. 하나님 나라와 반대되는 짐승의 나라를 세운 것입니다. 그 짐승이 소유하고 있는 이 땅의 보좌 위에 다섯째 진노가 부어진 것입니다.[16] 그러자 이 나라가 힘을 발휘하지 못하고 어두워지며, 사람들이 아파서 자기 혀를 깨뭅니다. 아픔과 종기로 말미암아 하늘의 하나님을 비방하고 그들의 행위를 회개하지 않습니다. 이는 회개할 때가 이미 지났다는 뜻입니다.

6. 요한계시록 16장 12-16절을 읽어 보세요. 더러운 세 영이 왕들을 모으고 있는 아마겟돈은 어떤 곳일까요?

- -

여섯째 천사는 그 대접을 큰 강 유브라데에 쏟습니다. 유브라데강은 바벨론이 있는 곳으로 힘과 권력을 상징합니다. 바로 이곳에 진노의 대접을 붓습니다. 강물이 다 말라 버리고, 삼위일체를 흉내 내는 개구리 같은 세 더러운 영(귀신의 영)이 나와서 이상한 이적을 행하여 마지막 시대의 사람들을 다 불러 모읍니다. 그리고 주님은 예기치 못한 때에 오리라고 말씀하십니다. 언제 오실지 알 수 없으므로, 이 시기에 대해 궁금해하지 말고 믿음을 가지고 예배하며 성실히 살아가라는 뜻입니다.

이제 개구리 같은 더러운 세 영이 아마겟돈에 왕들을 모으는 장면이 이어집니다. 아마겟돈은 전쟁이 일어날 장소입니다.[17] 아마겟돈은 어디를 가리키는 것일까요? 학자들도 아마겟돈의 뜻을 정확히 설명하지 못하고 있습니다. 가장 근접한 단어는 므깃도라는 단어입니다. 그런데 므깃도는 구약 역사에서 아주 중요한 사건이 일어났던 곳입니다. 이스라엘이 애굽과 앗수르, 바벨론 사이에서 정치적 긴장 관계를 유지하고 있을 때 요시야 왕은 주변 강대국이 아니라 오로지 하나님만을 의지했습니다. 요시야 왕이 애굽의 왕 느고와 결전을 벌였던 곳이 바로 므깃도입니다. 그리고 이 전투에서 요시야 왕은 장렬하게 전사합니다. 므깃도는 이스라엘 백성에게 신앙적인 모범을 보여 주면서 사랑과 존경을 받았던 요시야 왕이 죽은 비극의 장소입니다.[18] 만약 아마겟돈이 므깃도가 맞다면 세 더러운 영은 악한 세력을 자신들이 승리했던 곳으로 다시 모으겠다는 계략을 세운 것입니다. 그러나 하나님과 사탄의 마지막 전투 현장인 므깃도는 과거의 기억을 완전히 역전시키는 최후의 승리를 보여 주시려는 하나님의 더 깊은 뜻이 담긴 장소입니다. 또한 하나님께 저항하고 그리스도를 적대시하는 모든 세력이 모여 하나님과 싸우는 상징적인 전쟁터가 아마겟돈입니다. 그러므로 육백육십육과 마찬가지로 아마겟돈도 결코 두려워할 단어가 아닙니다. 적그리스도 세력과 무서운 전쟁을 벌이는 곳처럼 보이지만 사실 하나님이 그 모든 악한 세력을 끝내는 곳입니다. 예수님의 오심으로 모든 저항은 끝이 납니다(19장).[19] 사도 요한의 논점은 단지 모든 악한 권력을 한 곳으로 데려와 거기서 그들을 처리해야 한다는 것입니다.[20] 므깃도를 문자적 의미로 추측할 필요는 없습니다. 사탄의 목적은 자신의 힘을 과시하는 것이었고, 하나님은 3년 6개월(42개월) 동안 그냥 놔두십니다. 그러나 주님이 오시면 그 모든 어둠의 권세는 꼼짝하지 못한 채 패배하며 심판을 받습니다. 모두 벌벌 떨며 항복하고 무저갱의 심판에 들어가는 일이 벌어집니다. 이것이 바로 아마겟돈의 마지막 전쟁입니다.

이스라엘 백성이 출애굽을 할 때 애굽에 내려졌던 열 가지 재앙 가운데 아홉 번째 재앙은 흑암의 재앙이었습니다. 그러나 그것은 더듬을 만한 흑암이었고, 이스라엘 백성이 거주하던 고센 땅에는 빛이 있었습니다. 그다음으로 마지막 재앙인 첫 번째 난 것의 죽음이 옵니다. 마찬가지로 다섯째 대접의 재앙으로 짐승의 왕좌에 하나님의 진노를 쏟아붓자 나라가 어두워지면서 흑암이 찾아옵니다. 그리고 여섯째 대접에서 아마겟돈의 죽음이 악한 세력들에게 임합니다. 우리가 잊지 말아야 할 사실은 이런 사탄의 세력과 끝까지 하나님을 거부하는 자에게는 이날이 마지막 날이자 마지막 세상이라는 것입니다. 그들은 도적같이 오신다는 예수님과의 최종적 대면을 기다리지 않고 있다가 갑자기 맞이할 것입니다.[21] 그러나 그리스도인들은 이날이 두렵지 않습니다. 고난과 핍박 가운데서 신앙을 지키는 성도들은 이날이 가장 기다려지는 날입니다. "아멘 주 예수여 오시옵소서!" 이 고백은 주님을 기다리며 세상을 살아가는 그리스도인의 고백입니다.

7. 요한계시록 16장 17-21절을 읽어 보세요. 일곱째 천사가 그 대접을 '공중'에 쏟는다는 것은 무슨 뜻일까요?

마지막 일곱째는 공중(into the air, into the atmosphere)에 그 대접을 쏟는 재앙입니다. 에베소서 2장 2절을 보면 "공중의 권세 잡은 자"라는 말씀이 나옵니다. 즉 하늘 보좌에서 이 세상을 주관하시는 하나님이 잠시 허락한 사탄의 권세와 세력 위에 임하는 총체적 심판(total judgment)을 뜻합니다. 용과 두 짐승으로 상징되는 악한 삼위일체의 세 영에 대한 궁극적 심판입니다.[22] 하나님을 흉내 내며 우상

숭배와 그릇된 사상을 좇는 세력들에 대한 최종적 심판이자 전체적 심판입니다. 이제 회개할 기회가 다 지나갔습니다.[23] 온 세상에 지금까지 보지 못했던 큰 지진이 일어나서 우리 눈에 보이던 산과 섬이 다 사라집니다. 일곱 대접이 다 쏟아지면 우리가 사용하는 시간과 역사도 없어집니다. 하나님은 시간과 역사를 영원한 것으로 바꾸십니다.[24] 이 땅의 모든 것이 사라지고 끝이 오는 날이 역사의 종말입니다. 그리고 하나님 나라의 완성입니다.

17장
음녀 바벨론의 심판
The Judgment of Babylon

— 사탄은 세상의 권력과 제도를 이용해 세상 나라를 지배하고 하나님께 대적합니다.

8. 요한계시록 17장 1-6절을 읽어 보세요. 음녀는 무엇을 지칭하는 것일까요?

- -

여기에 등장하는 음녀는 바벨론입니다. 바벨론은 이 땅에서 권력을 가지고 악한 일을 행하는 모든 나라와 제도를 가리킵니다. 요한계시록이 기록되던 당시의 바벨론은 로마제국입니다. 음녀라는 표현은 영적 간음을 뜻하며, 하나님을 버렸다는 말입니다. 하나님을 대적하고 악을 행하며 우리를 넘어뜨리는 세력이 음녀이자 바벨론입니다. 음녀가 12장에 나왔던 붉은 빛 짐승을 타고 있습니다. 그 짐승의 일곱 머리와 열 뿔은 로마제국 당시의 왕들을 표현한 것이며, 오늘날 하나님을 믿지 않는 세력을 상징합니다. 짐승의 몸에 하나님을 모독하는 이름이 가득합니다. 또한 음녀는 엄청난 부자입니다. 초라한 존재가 아닙니다. 왕의 위엄을 상징하는 자줏빛과 붉은 빛 옷, 금과 보석과 진주로 꾸미는 등 온갖 사치스러운 것들을 갖추고 있습니다. 그의 이마에 기록된 이름이 "비밀"인 것은 악한 일들이 언제나 은밀한 가운데 행해진다는 뜻입니다.[25] 음녀는 성도들의 피와 예수의 증인들의 피에 취할 정도로 성도들을 죽이는 일에 악마 같은 즐거움을 느끼는 미친 존재입니다.[26] 이런 모습들이 하나님을 거절하고 대항하는 음녀 바벨론의 정체이며, 지금도 우리를 유혹하고 넘어뜨리기 위해 호시탐탐 기회를 노리고 있습니다.

9. 요한계시록 17장 7-13절을 읽어 보세요. 여자가 탄 짐승의 모습은 어떻게 묘사되고 있으며, 그 모습은 각각 무엇을 상징합니까?

하나님을 모르고 우상 숭배를 하던 자들과 복음을 모르는 자들은 장차 올 짐승을 보고 놀랍게 여깁니다. 새로운 짐승이 나타나면 또 그것에 충성합니다. 여자가 탄 짐승의 일곱 머리는 일곱 산입니다. 8장 8절과 14장 1절에 비추어 보면 산은 비유적으로 나라를 가리킨다는 것을 알 수 있습니다.[27] 사탄의 권세가 이런 나라들을 타고 움직이며 영향력을 끼칠 수 있다는 것입니다. 그것은 당시 로마제국의 왕일 수도 있고, 시대에 따라 역사에서 다양하게

등장하는 권세일 수도 있습니다. 어느 나라든 관계없이 언제나 사탄이 역사할 수 있습니다. 구체적으로 일곱 왕은 로마제국의 황제를 말합니다. 네로 황제가 가장 포악한 왕이었고, 그다음이 사도요한이 활동했던 도미티아누스 황제입니다. 도미티아누스 황제가 즉위했을 때 네로 황제가 환생했다고 말할 정도였습니다. 10절의 "다른 하나는 아직 이르지 아니하였으나"라는 표현은 앞으로 그런 일들이 일어날 수 있다는 뜻입니다. 특히 11절의 "전에 있었다가 지금 없어진 짐승은 여덟째 왕이니"라는 표현은 도미티아누스 황제를 가리킨다고 생각할 수 있습니다. 그러나 요한계시록이 기록된 상황에만 국한시키지 않고 역사 속에 계속해서 등장하는 하나님께 저항하는 짐승의 세력이라고 이해하는 것이 더 좋습니다. 상징을 그 시대의 특정한 사건이나 인물에 제한을 두면 말씀의 의미를 왜곡할 수 있기 때문입니다. 여덟째 왕으로 짐승을 표현한 것도 다음과 같은 비유적 의미가 있습니다.[28] 초기 그리스도인들은 6일 창조 후 안식이 있었기에 여덟째 날을 새로운 피조물의 시작으로 간주했습니다. 마찬가지로 그리스도께서 여섯째 날에 죽으셨고 일곱째 날에 무덤에 계셨으며 여덟째 날에 살아나셨습니다. 그러므로 짐승을 여덟째 왕으로 부르는 것은 짐승이 미래에 그리스도를 모방하려고 획책하는 것을 언급하는 의미일 것입니다. 짐승의 "열 뿔" 역시 앞으로 등장할 사탄의 권세를 따르는 세상의 통치자들이나 권세를 뜻하는 상징적 단어입니다.[29] 이들 통치자가 짐승과 연합하여 자신들이 가진 능력과 권세를 사탄에게 넘겨 세상과 나라를 사탄의 지배 아래 두게 됩니다. 결국 짐승을 탄 세상나라의 통치자들은 사탄의 도구가 됩니다.

10. 요한계시록 17장 14-18절을 읽어 보세요. 음녀를 지칭하는 큰 성은 무엇을 뜻할까요?

어린양 되시는 주님이 짐승의 세력과 싸우십니다. 그러나 아마겟돈의 전투처럼 사탄과 주님의 싸움은 그 자체가 성립되지 않습니다. 주님은 이기시는 분입니다. 하늘 보좌에서 세상을 다스리고 통치하시는 주님이 이 땅에 오시면 모든 것은 끝납니다. 하나님은 "자기 뜻대로 할 마음을 그들에게 주사" 악한 세력들이 서로 미워하다가 자멸하게 만듭니다. 18절의 "큰 성"은 하나님을 대적하는 사탄의 세력과 제도들을 말합니다. 즉 지리적·역사적 한계를 초월해 모든 세기마다 반복해 등장하는 체제입니다.[30] 이처럼 사탄은 교회와 성도를 직접 공격하거나 어떤 지배 권력과 제도를 이용해 세상을 점령하려고 합니다. 요한의 독자들은 이 체제가 자신의 권력을 용, 고발자, 즉 사탄에게서 얻는다는 사실을 알고 있습니다. 그러므로 성도들은 오직 그분의 피로, 또 신실한 증언의 말씀으로 괴물을 이길 어린양의 승전군에 속해 있음을 압니다.[31] 지금까

지 그래 왔고, 앞으로도 그럴 것입니다. 우리는 복음의 진리를 잣대 삼아 무엇이 옳은지 그른지 잘 분별하도록 늘 깨어 있어야 합니다.

바벨론의 몰락
The Fall of Babylon

── 신앙은 자신이 즐기고 안주하고 있는 죄의 자리를 떠나는 것입니다.

11. 요한계시록 18장 1-4절을 읽어 보세요. 주님의 천사가 사탄을 향해 힘찬 음성으로 무엇이라고 외치나요?

큰 권세를 가진 주님의 천사가 하늘에서 내려오고 그의 영광으로 땅이 환해집니다. 주님의 천사는 하나님을 대적하는 모든 권세와 제도, 사탄을 향해 "무너졌도다 무너졌도다 큰 성 바벨론이여"라고 외칩니다. 마지막 심판 때 바벨론은 각종 악한 것이 모이는 더럽고 가증한 곳이 되고, 이제 이 모든 것이 무너져 일어설 자리가 전혀 없습니다. 바벨론으로 상징되는 당시의 로마제국은 사치가 극에 달했습니다. 요즘의 가치로 계산하면 6,000파운드(우리 돈으로 환산하면 1,000만 원 정도)에 해당하는 진주 하나를 녹여 마실 정도였습니다. 하나님은 하늘에서 큰 소리로 외치십니다. "주께 소유

된 백성인 인침을 받은 자들은 사탄의 생각과 도구로 전락하는 모임과 장소에서 떠나라"고 말입니다. 하나님은 항상 그분의 백성에게 죄를 끊고 나와서 자신과 함께 걷자고 말씀하시며 우리를 부르십니다.[32] 단어 '떠나다'는 기독교 신앙의 중요한 주제이기도 합니다. 신앙은 자신이 즐기고 안주하고 있는 죄의 자리를 떠나는 것입니다. 떠나서 어디로 가야 합니까? 기독교 공동체가 필요한 이유가 여기에 있습니다. 주님은 이 교회를 바벨론의 포로에서 자유케 하시고 결코 무너지지 않을 새 도시, 새 예루살렘으로 인도하실 것입니다.[33] 정직하게 잘못된 곳으로부터 떠나는 떠남의 은혜를 누리시기 바랍니다.

12. 민수기 16장 20-26절을 찾아 읽어 보세요. 고라의 반역이 일어났을 때 하나님은 이스라엘 회중에게 어떤 명령을 내리셨나요?

- -

모세는 하나님의 말씀대로 이스라엘 백성들을 가나안 땅으로 인도하고 있었습니다. 고라의 반역이 일어났을 때 하나님은 재앙을 내리시며 고라와 다단과 아비람의 장막 사방에서 "떠나라"고 말씀하십니다. 심지어 그들의 물건을 만지지도 말라고 말씀하십니다. 우리는 주님을 욕하고 비방하는 무리와 죄악이 넘쳐나는 곳에서 떠나야 합니다. 하나님은 아브라함에게도 떠나라고 말씀하셨고(창 12:1), 롯과 그의 아내에게도 악한 것으로 가득 찬 도시에서 심판을 피하도록 떠나라고 하셨습니다(창 19:12-13). 떠나는 척했던 롯의 아내는 소금 기둥이 되고 말았습니다(창 19:26). 신앙의 길은 '떠남'입니다. 매일 우리의 삶이 악한 곳에서 떠나며, 죄인의 길에서 떠나는 결단이 있어야 합니다. 바벨론은 반드시 무너지고 그리스도의 나라가 임했다는 것을 온 세상이 반드시 알아야 합니다.[34]

── 마지막 심판은 완전한 심판이며 더는 회개할 기회가 없습니다.

13. 요한계시록 18장 5-8절을 읽어 보세요. 하나님은 불의한 일을 심판하실 때 얼마 후에 그 재앙을 끝내리라고 말씀하십니까?

─────────────────────────────────

하나님은 불의한 일을 기억하시고 그의 행위대로 갑절을 갚아 주겠다고 말씀하십니다. 마지막 심판에서는 은혜가 없습니다. 홍수 심판 때는 노아를 살리셨고 무지개의 언약이 있었습니다. 그러나 마지막 재앙에서는 인침을 받은 자 외에는 모두 멸망합니다. 그것도 "하루 동안(just one day)"에 그 재앙을 끝내십니다. 심판에서는 심은 대로 거두며 은혜의 옷을 입지 못한 사람들은 다 죽습니다. 모든 교만과 악함이 심판을 받습니다. 당시 로마제국을 바라볼 때 최고의 죄는 교만이었습니다. 도처에서 교만의 악취가 풍겼던 곳이 바로 로마입니다. 그러나 심은 대로 거두는 법입니다. 모든 교만과 악함은 반드시 하나님 앞에서 굴욕을 당합니다.[35] 사망과 애통과 흉년이 닥치며 불살라질 것입니다. 이 모든 것이 하루면 충분합니다. 심판 환상에 사용한 상징 언어는 하나님이 악을 뿌리 뽑으실 때 쓰신 수단이라기보다 하나님이 마지막에 심판하신다는 심판의 보편성과 최종성을 상징합니다.[36]

14. 요한계시록 18장 9-19절을 읽어 보세요. 로마의 심판 때 애곡하는 부류는 각각 어떤 이들입니까?

세 부류의 애곡이 일어날 것을 보여 주십니다. 첫 번째는 모든 권세를 가졌던 왕들이 가슴을 치며 애곡합니다. 하루가 아니라 단 한 시간에 심판이 이르렀다고 말씀합니다. 역사적 기록에 따르면 로마 황제 칼리굴라(Caligula, 12-41)는 항상 진주를 식초에 녹여 먹었습니다. 애굽의 클레오파트라(Cleopatra VII Thea Philopator, BC 69-AD 30)는 일 년 동안 노동자들이 일해야 살 수 있는 분량의 진주(8만 파운드, 우리 돈으로 1억 3,000만 원 정도)를 녹여 음식에 넣어 먹을 정도로 위험한 사치의 만찬을 즐겼습니다.[37] 이런 왕들이 슬피 울며 가슴을 치는 일들이 일어납니다. 두 번째는 상인들의 슬픈 노래가 울려 퍼집니다. 돈 많은 사람이 물건을 사지 않기 때문입니다. 로마

의 기록에 따르면, 네로의 총리였던 세네카는 대리석으로 다리를 만든 식탁 300개가 자기 집에 있었다고 합니다.[38] 그 식탁들을 다 놓으려면 어마어마한 크기의 저택에서 살았을 것입니다. 이렇게 사치가 극에 달했던 시대이지만 그 호사스러운 물건이 팔리지 않자 상인들이 애곡합니다. 13절에는 "종들과 사람의 영혼들"까지 안 팔린다고 기록되어 있습니다. 여기서 '종'으로 번역된 헬라어는 노예를 지칭하는 둘로스(δουλος)가 아니라 우리의 몸을 가리키는 소마(σωμα)입니다. 노예시장은 헬라어로 소마템포로스(σωματευπορος)인데, 몸뚱어리를 파는 장소라는 뜻으로 사용했습니다. 심지어 종들 가운데는 주인이 생각해야 할 것을 대신 생각하는 종도 있었습니다. 이것이 사도 요한이 멸망을 선포한 로마의 모습이었습니다.[39] 마지막은 선장과 선원들의 애곡입니다. 그동안 누렸던 모든 부가 한 시간 만에 사라지는 것을 지켜보며 애통해합니다. 잊혀지지 않는 이들 묘사에 담긴 충격에서 핵심은 붕괴 속도입니다.[40] 이것이 바로 심판입니다. 무엇보다 중요한 사실은 마지막 심판이 오는 날에는 회개할 기회가 없다는 것입니다.

― 말씀을 읽고, 듣고, 지키는 자는 마지막 심판 가운데서도 기뻐하며 찬송할 수 있습니다.

15. 요한계시록 18장 20절을 읽어 보세요. 하늘과 성도들과 사도들과 선지자들이 심판 가운데서도 기뻐할 수 있는 이유는 무엇인가요?

- -

이 비극적인 상황에서도 기쁨을 누리는 사람들이 있습니다. 원수가 망해 기뻐하는 것이 아닙니다. 자신이 미워하는 사람들에 대한 개인적인 감정과 증오로 기뻐하는 것이 아닙니다. 마지막 심판의 때 하나님의 의로우심이 이 땅에 실현되어 기뻐하는 것입니다.[41] 이것은 영광스러운 기쁨입니다. 우리가 궁극적으로 기뻐할 것은 우리의 이름이 생명책에 기록되어 있다는 사실입니다. 이런 십자가의 은혜가 세상의 더 많은 사람에게 임하도록 전해야 합니다. 이런 점에서 요한계시록은 이 기쁨을 더 많은 사람이 누릴 수 있도록 믿음을 지키면서 이 복음을 전하도록 권면하는 사명의 책입니다. 그러므로 하나님의 심판은 하나님의 선교와 연결되어 있습니다.[42]

16. 요한계시록 18장 21-24절을 읽어 보세요. 힘센 천사가 바벨론과 같은 강한 세력을 손쉽게 바다에 집어던지는 장면은 어떤 의미일까요?

"큰 맷돌 같은 돌"은 바벨론과 같은 강력한 세력을 상징합니다. 아주 힘센 천사가 이것을 바다에 던집니다. 세상에서 제아무리 크고 강할지라도 단 한 번에 사라질 수 있다는 것을 보여 줍니다. 이것은 역사가 보여 주는 교훈이기도 합니다. 이 세상의 그 어떤 강력한 나라도 망할 수 있습니다. 이것이 주님의 마지막 심판입니다. 요한계시록은 이 세상의 권력이 만들어 낸 모든 소리가 사라질 날이 오리라고 말합니다. 하나님이 세우실 나라가 오면 우리를 괴롭히던 수많은 소리가 다 없어지고 주의 음성만 들릴 것입니다. 주음성 외에는 더 이상 기쁨이 없습니다. 마지막 24절에서 하나님은 믿음을 지킨 자들의 삶과 죽음, 고통과 눈물을 절대 잊지 않는다고 말씀하십니다. 주님의 심판을 보는 날 우리는 그 주님을 찬송하지 않을 수 없을 것입니다. 다시 한번 바벨론과 그것이 대표하는 모든 것에 대해 일말의 동정심을 느끼는 사람이 없도록 마무리합니다. 바벨론은 사라졌고 다시 돌아오지 않을 것입니다.[43]

——찬송과 예배는 고난을 이기며, 험난한 세상 가운데서 믿음을 지
  키도록 도와줍니다.

　요한계시록을 읽으면서 두 가지를 깨닫게 됩니다. 첫째는 믿음
의 소중함입니다. 믿음에는 인내와 신실함과 충성이 필요하다는 것
을 배웁니다. 둘째는 찬양의 소중함입니다. 요한계시록은 찬송하게
하는 책입니다. 찬양은 고난 가운데서 믿음을 지켜 내는 능력이 있
습니다.

　요한계시록은 "나는 제자가 될 것인가(Will I be a disciple)?"를 결
코 묻지 않습니다. "나는 누구의 제자가 될 것인가(Whose disciple will I
be)?"를 질문합니다.[44] 요한계시록은 우리가 세상의 제자인지 하나
님의 제자인지를 결정하도록 요구합니다. 산다는 것보다 더 중요
한 것은 '무엇을 믿느냐'입니다. 믿는 자는 죽어도 살 것이기 때문
입니다. 사도 요한이 바라는 것은 하나님이 펼쳐 나가실 드라마가
우리와 함께, 우리 앞에, 우리 가운데 살아 있게 하는 것입니다.[45]

　6장에서 만난 순교자들의 질문이 떠오릅니다. 그들은 하나님
께 언제 완전한 심판을 하실 것인지 물었습니다(10절). 그러나 성경
은 속 시원하게 대답하지 않습니다. "기다려라, 그 수가 차야 한다"
라고만 말씀합니다. 하나님은 그 날짜를 달력에 표시해 주시지 않
습니다. 그럼에도 하나님의 심판을 믿으며 살아가는 그리스도인
은 수없이 많습니다.[46] 그렇다면 어떻게 해야 언제 우리 앞에 닥칠
지 모르는 심판을 믿으며 끝까지 살아갈 수 있을까요? 어떻게 초

대교회 성도들은 그토록 끈기 있는 믿음을 가지고 살아갈 수 있었을까요? 그 답은 예배입니다.[47] 한 가지 조심할 것은 이 예배가 오늘의 고난을 잊게 하는 경건한 도피주의적 모습이 아니라는 점입니다. 앞으로 일상 가운데서 우리가 대면하게 될 모든 문제를 믿음으로 반응하도록 주의 은혜를 얻는 시간이 바로 예배입니다. 요한계시록은 로마제국보다 더 큰 유혹으로 우리를 넘어뜨리는 이 시대, 이 어려운 세상을 통과하고 있는 우리에게 하나님을 예배하라고 권면하는 책입니다. 그래서 요한계시록은 예배와 찬송으로 가득 차 있습니다. 오늘도 찬송과 예배를 통해 험난한 세상 가운데서 믿음을 지키며, 주님 오실 날을 기다리는 삶을 사시기 바랍니다.

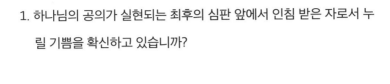

1. 하나님의 공의가 실현되는 최후의 심판 앞에서 인침 받은 자로서 누릴 기쁨을 확신하고 있습니까?

----

2. 그리스도인은 이 세상을 다스리는 지도자를 위해 기도해야 합니다. 매일이 아니더라도 정기적으로 소그룹 공동체에서 지도자들을 위해 기도하는 것은 교회의 사명입니다. 지금 여러분이 속한 나라의 지도자를 위해 기도하는 시간을 가져 보십시오.

짐승으로 표현되는 사탄의 권세는 바벨론과 로마제국처럼 세상의 권력을 타고 움직입니다. 사탄은 그들을 이용해 하나님의 뜻과 반대되는 법을 만들고 기독교를 공격하도록 만듭니다. 또한 세상의 힘 있는 자들이 자신도 모르게 짐승의 권세를 타고 하나님께 저항하기도 합니다. 회사에서 CEO가 짐승의 권세를 탈 수 있고, 한 가정의 아버지가 짐승의 권세를 탈 수도 있습니다. 우리는 이들을 위해 깨어 기도해야 합니다.

3. 우리를 넘어뜨리려는 세상의 많은 유혹을 어떻게 이겨 내고 있습니까?

과거 로마제국이 누리던 화려함과 번영의 이미지가 똑같이 이 세상을 지배하고 있습니다. 교만과 사치를 부추기는 사탄의 책략 앞에서 우리는 손쉽게 넘어지고 맙니다. 그러므로 우리는 예배를 통해 주님의 은혜를 공급받아야 합니다. 하나님의 말씀 속에 담긴 구원의 완성, 역사의 완성을 믿으며 살아가야 합니다. 은혜의 기쁨에 눈 뜨고, 찬송으로 유혹과 고난을 물리칠 힘을 날마다 공급받아야 합니다.

기도 Pray

주님, 주님은 세상의 모든 악과 사탄의 세력을 진멸하시는 분입니다. 진노의 대접 앞에서 악한 권세는 완전히 심판을 받습니다. 마지막 심판을 통해 하나님의 공의를 드러내시며, 완전한 사랑을 우리에게 보여 주심에 감사드립니다. 말씀을 읽고, 듣고, 지키는 자는 마지막 심판 가운데서도 기뻐하며 찬송할 수 있음을 믿습니다. 세상이 손짓하는 쾌락과 교만의 유혹 앞에서도 예배를 통해 주님이 주시는 은혜의 기쁨 안에 거하겠습니다. 핍박과 고난이 밀려올지라도 찬송하며 주님의 완전한 심판과 승리를 선포하겠습니다. 주께서 힘을 주옵소서. 예수 그리스도의 이름으로 기도합니다.
아멘.

◇◇◇◇◇

하늘과 성도들과 사도들과 선지자들아,

그로 말미암아 즐거워하라

하나님이 너희를 위하여 그에게 심판을 행하셨음이라 하더라

계 18:20

제7과

신부의 영성이 승리입니다

모든 사람의 목적지는 하나님이 준비하신 식탁입니다. 하나는 결혼 축
제로 어린양 예수 그리스도를 위해 준비하십니다. 이 잔치는 예수님 믿
는 사람들을 초대하는 것입니다. 그들이 성도이고 그리스도의 신부인
교회입니다. 또 다른 식탁은 공중의 새들을 초대하는 것입니다. 하나님
을 대적하던 마귀와 사탄을 먹이로 주시기 위함입니다. 심판과 구원의
식탁은 동일한 날 동일한 시간에 일어날 것을 보여 주십니다. 요한계시
록은 하나님의 영원한 승리가 오고 있음을 보여 줍니다. 그것은 그리스
도의 신부된 성도들이 이 땅에서 누구를 기다리며 어떻게 살아야 할 것
인지 가르쳐 주시기 위함입니다. 그 영광의 날을 바라보는 사람들의 마
음속에는 "할렐루야"의 찬송이 울려 퍼질 것입니다.

요한계시록 19-20장

"예수님을 구주로 영접한 모든 사람은 어린양의 혼인 잔치에 청함을 받은 신부입니다. 신랑이신 예수님을 두렵고 떨리는 마음으로 기다리는 것이 신부의 영성입니다. 세상의 유혹과 공격에도 예수님이 다시 오실 그날을 사랑과 충성으로 기다리는 것입니다. 천년왕국은 지금 이곳에서 신부의 영성으로 천년왕국의 삶을 살아가야 한다는 영적 의미가 있습니다. 그리스도인은 지금 미래에 울려 퍼질 승리의 함성을 선포하며, 정혼한 신부처럼 기쁨으로 다시 오실 주님을 기다려야 합니다."

— 요한계시록의 전체적 흐름

먼저 요한계시록이 1장부터 18장까지 어떤 흐름으로 왔는지 간단히 보겠습니다. 1장은 하나님의 말씀, 2-3장은 일곱 교회, 4-5장은 천상을 열어 보여 주시는 예배입니다. 6-18장까지는 환난과 심판에 대해 기록하고 있습니다. 그중 6-7장은 일곱 인의 심판, 8-11장은 일곱 나팔의 심판입니다. 이들 심판은 부분적 심판입니다. 12-14장은 우주적 전쟁과 복음입니다. 사탄이 하나님의 보좌를 취하려다가 천사 미가엘에게 쫓겨 땅으로 내려옵니다. 그래서 사탄의 세력은 하늘나라의 어떤 자리에도 앉을 수가 없습니다. 결국 이 땅에서 허락받은 시간 동안 하나님을 따르는 성도들과 교회를 공격하고 있습니다. 예수님을 흉내 내는 완전하게 불완전한 존재(666, completely incomplete)가 바로 사탄입니다. 마지막으로 15-18장은 일곱 대접의 심판입니다. 마지막 심판이자 완전한 심판입니다. 이 모든 심판 가운데서 살아남을 수 있는 사람은 성령의 인침을 받은 자밖에 없습니다. 예수님을 모신 사람은 마지막 날의 심판이 올 때 환난에서 모두 건짐을 받습니다. 19장과 20장은 그리스도의 재림과 천년왕국에 대한 말씀입니다. 그리고 21-22장에서 하나님은 마지막으로 새 하늘과 새 땅을 보여 주며 말씀을 마무리하십니다.

들어가기 Intro

결혼을 앞둔 신부의 마음은 어떨까요? 기쁘고 설렐까요, 아니면 두렵고 초조할까요? 자신 또는 다른 사람들에게 들은 다양한 경험을 함께 나눠 봅시다. 그리고 이스라엘을 배경으로 기록된 성경이 말씀하는 신부의 마음은 어떻게 다른지 살펴보겠습니다.

19장
다시 오실 그리스도
The Second Coming of Jesus Christ

1. 요한계시록의 시작 1장 1절과 마지막 22장 20절을 찾아 읽어 보세요. 공통으로 누가 등장하나요?

　요한계시록의 첫 문장은 예수라는 이름으로 시작합니다. 예수 그리스도의 계시라고 말씀합니다. 마찬가지로 마지막 문장은 예수님으로 끝납니다. 요한계시록의 시작과 끝은 예수 한 분입니다. 마태복음 1장 21절에서 확인할 수 있듯이, 예수라는 이름은 세상의 죄에서 우리를 구원하실 분이라는 뜻입니다. 요한계시록이 예수님으로 시작해 예수님으로 마친다는 것은 요한계시록의 주제 역시 모든 성경과 똑같이 하나님의 구원을 이루어 가는 책이라는 뜻입니다. 요한계시록은 "누가 우리의 주(the Lord)인가?"라는 근본적인 질문에 대한 답을 제공합니다.[1] 하나님은 6-18장까지 심판을 보여 주시고 나서 마지막으로 구원의 완성을 통계나 숫자가 아니라 상징과 이미지로 우리에게 보여 주십니다. 마지막 네 장을 통해 구원의 완성이 어떻게 이루어지는지를 펼쳐 보여 주십니다. 요

한계시록은 목숨을 걸고 믿음의 길을 걸어가야 했던 초대교회 성도들이 승리의 삶을 살도록 보여 주는 책입니다. 그뿐 아니라 수많은 가치관의 전쟁 가운데 사는 오늘 우리에게 예수님만이 만유의 주, 만유의 왕이심을 선포하고 있습니다. 그래서 요한계시록을 제대로 읽으면 언제 종말이 올지 시간적인 것에 관심이 쏠리지 않습니다. 오히려 하나님의 큰 그림을 보게 됩니다. 하나님이 역사를 어떻게 운행하시는지, 마지막 심판의 날에 놀라운 구원이 어린양 예수님을 믿는 자들에게 어떻게 임하는지를 보여 줍니다. 이런 말씀을 통해 우리의 가슴을 뛰게 하고, 우리가 믿음의 길을 더 열심히 걸어가도록 도와줍니다. 심지어 미지근한 믿음을 갖고 있던 사람들을 뜨거운 신앙의 자리로 옮겨 가게 합니다.

─── 하나님이 행하시는 심판 앞에서 인간이 만든 낙관론은 설 자리가 없습니다.

19장 1-10절의 제목은 '구원의 노래'입니다. 요한계시록에서 구원의 완성을 보여 주는 말씀입니다. 이 말씀의 위치는 환난과 심판이 배경인 6-18장 바로 뒤입니다. 주님이 우리에게 구원 이야기를 펼쳐 주실 때 그 무대의 배경은 심판입니다. 왜냐하면 구원은 심판과 재앙에 대한 대답이기 때문입니다.[2] 성경에서 구원만큼 중요한 주제는 없습니다. 구원은 모든 심판을 견디고 이기게 합니다. 그래서 구원은 우리가 시작하거나 만들 수 있는 것이 아니라 처음부터 끝까지 주님만이 하실 수 있습니다. 요한계시록은 그것에 대해 말하고 있습니다. 다시 말하면 이 세계의 모든 역사는 하나님의 계획에 따라 움직입니다. 그러나 문제가 있습니다. 하나님을 모르는 사람들이 스스로 구원의 개념을 정의하고 만들기 시작합니다. 유진 피터슨은 이것을 "사람이 만든 구원에 대한 낙관론"이라고 지적합니다.[3] 낙관론은 하나님을 의지하지 않으면서도 희망을 잃지 않고 쓸모 있는 존재로 살아가는 것입니다. 도덕이나 과학 기술로 충분히 세상을 바꿀 수 있다고 생각합니다. 선하게 살면서(도덕적 낙관론) 과학과 지성으로(기술적 낙관론) 세상을 바르게 만들 수 있다고 확신합니다. 이처럼 자기 나름의 구원을 만들어 냅니다. 그러나 이 두 가지는 하나님이 없으며 그분을 예배하지는 않는다는 공통점을 갖습니다. 이렇게 살아가는 길은 하나님과 관계를 맺을 필요가 없으므로 자신의 죄와 씨름하는 수고로움이 필요하지 않습니다. 심지어 이에 대한 신빙성을 입증하려면 큰 재난이나 심판이 오리라는 내용을 완전히 축소시켜야 합니다. 하나님 없이도 사람들이 안도의 숨을 내쉬며 살아가도록 말입니다.[4]

이런 사람들이 요한계시록을 읽으면 당황스럽고 숨이 가빠질 수밖에 없습니다. 사람들이 만들어 놓은 모든 낙관론은 하나님의 심판 앞에 설 자리가 없기 때문입니다. 하나님의 심판은 공의롭고 철저하고 완벽합니다. 요한계시록은 영적 전쟁과 장차 오게 될 심판이 얼마나 완벽하게 행해질 것인지를 보여 줍니다. 이 심판을 읽다 보면 과연 누가 하나님 앞에 설 수 있는지 스스로 질문하게 됩니다. 요한계시록의 답은 단 하나입니다. 어린양 예수의 피로 모든 죄를 씻음 받은 사람입니다.

— 하나님이 베푸시는 구원을 믿는 성도들은 심판 가운데서도 할 렐루야 찬송을 부를 수밖에 없습니다.

19장의 출발은 할렐루야 찬송입니다. 시편을 비롯해 구약에서는 할렐루야가 많이 나옵니다. 반면 신약에서는 할렐루야가 딱 네 번, 그것도 요한계시록 19장에 나옵니다. 무섭게 일어나는 심판 가운데서 하나님의 구원을 깨닫게 된 구원받은 성도들이 할 말은 이것 하나밖에 없습니다. "할렐루야!" 이는 히브리어로 "하나님을 찬양하라!"는 뜻입니다. 심판 때만 부를 노래가 아니라 매일 할렐루야를 부르며 살아가는 성도가 되어야 합니다. 구원은 하나님의 행동이며, 하나님이 시작하신 일입니다. 우리가 생각하는 개념으로 구원을 작게 만들어선 안 됩니다. 하나님의 구원을 바르게 이해할 때 우리 삶이 바뀌고, 더 나아가 하나님 구원의 역사에 온몸과 마음으로 동참하는 헌신이 따라오게 됩니다.

2. 요한계시록 19장 1-5절을 읽어 보세요. 할렐루야 찬송을 통해 영광과 경배를 받으시는 분은 누구입니까?

할렐루야 찬송을 통해 구원의 주인 되신 하나님을 높여야 합니다. 하나님은 사랑이시고 거룩하시며 구원의 능력과 심판의 권세를 가지셨기 때문입니다. 또한 그분을 대적하며 성도들의 목숨까지 빼앗았던 모든 악한 세력의 원수를 갚으십니다. 그러므로 우리 입에서 할렐루야가 터져 나올 수밖에 없습니다. 구원받은 사람은 매일 할렐루야를 외쳐도 모자랍니다. 건강할 때뿐 아니라 병들었을 때도 할렐루야를 외쳐야 합니다. 그 병으로 끝나는 것이 아니라 부활이 기다리고 있기 때문입니다. 연기가 세세토록 올라가는 것처럼 우리의 찬송은 하나님께 올라갑니다. 하나님은 작은 자나 큰 자나 모두 찬송하기를 원하시며, 우리가 찬송할 때 기뻐하십니다. 하나님만이 찬송을 받기에 합당하신 분입니다.

3. 요한계시록 19장 6-8절을 읽어 보세요. 19장에 네 번의 할렐루야 찬송이 나오는 이유는 무엇이고, 어린양의 혼인 기약이 뜻하는 것은 무엇일까요?

할렐루야가 가장 많이 나오는 책은 구약의 시편입니다. 그중에서도 113-118편은 할렐루야 시편입니다. 그 내용은 이스라엘을

애굽에서 건져내신 것에 대한 노래입니다. 그래서 113-118편을 이스라엘 사람들은 전통적으로 유월절에 유월절 음식을 먹기 전 읽었습니다. 마찬가지로 요한계시록 17-18장은 하나님의 백성을 핍박하고 하나님의 계획에 반대하는 음녀 바벨론의 타락과 심판을 소개합니다. 그리고 유월절 때 시편의 할렐루야를 불렀던 것처럼 이어진 19장에서는 어린양 되신 우리 예수님을 생각하면서 할렐루야 승리의 노래를 부르게 합니다.[5]

할렐루야 찬송을 외치면서 7절은 어린양의 혼인 기약이 이르렀음을 말합니다. 이것은 구원의 완성을 설명하는 힌트입니다. 어린양은 예수님이고 그분의 아내(신부)는 우리 믿는 성도입니다. 좀 더 큰 관점에서 본다면 그분의 아내는 교회입니다. 창세기의 시작은 불완전한 결혼(imperfect marriage)입니다. 그리고 요한계시록의 끝은 완전한 결혼(perfect marriage)입니다. 우리 모두가 새로운 몸으로 부활해 완전한 결혼으로 천국에서 사는 것이 하나님의 계획입니다. 하나님은 구원의 완성을 결혼으로 설명하십니다. 따라서 이 결혼식은 영광스러운 상징입니다.[6] 즉 창세기에서 시작하신 일을 요한계시록에서 완성하십니다.

8절의 "성도들의 옳은 행실"이라는 말씀 때문에 우리가 행위로 구원받을 수 있는 것이 아닌가 하는 오해를 불러일으키기도 합니다. 믿음과 행위를 구분하는 것도 문제이지만, 행위로 구원받는다는 생각도 잘못입니다. 우리는 믿음으로 구원받는다는 것을 명심해야 합니다. 믿음을 가진 하나님의 자녀 된 사람이라면, 그 은혜를 깨달은 사람이라면 행위의 열매는 반드시 나타날 수밖에 없습니다. 물론 우리가 믿음을 가졌다고 해도 행위가 완전할 수는 없습니다. 그러나 믿는 자에게는 하나님이 새 삶을 주십니다. 아무리 많은 죄를 지은 사람일지라도 주님을 만나면 변해 갈 수밖에 없는 것이 믿음입니다. 옳은 행실(세마포)의 일차 요점은 성도들의 수고가 의를 얻는 데 기여한다는 것에 있지 않고, 하나님의 백성은 최종적으로 하나님이 시작하신 그분의 친밀한 관계 속에 들어간다는 것에 있습니다. 그러나 성도들의 옳은 행실이라는 필수적인 반응이 극히 중요하다는 것을 강조합니다.[7]

— 하나님과 그분의 백성은 남편과 아내의 관계로 비유할 수 있습니다. 예수님을 구주로 영접하면 정혼의 언약을 맺는 것입니다. 예수님을 믿는 우리는 모두 혼인 잔치에 청함을 받은 신부입니다. 그리고 신랑이신 예수님을 기다리는 신부의 영성은 사랑과 충성입니다.

4. 요한계시록 19장 9절을 읽어 보세요. 어린양의 혼인 잔치에 청함을 받은 것이 복되다고 말씀하시는 이유는 무엇일까요?

일곱 교회에 보낸 편지에서 가장 중요하게 강조한 것은 하나님과의 관계였습니다. 미지근하지 말라고 말씀하셨습니다. 오늘날 모든 교회를 향해, 하나님이 성도 한 사람 한 사람을 향해 가장 중요하게 여기시는 것은 사역이 아니라 주님과의 관계입니다. 하나님이 회복시켜 주시기 원하는 것은 바로 하나님을 사랑하는 관계로 들어가는 것입니다. 그래서 성경에서는 여호와 하나님과 그분의 백성의 관계를 남편과 아내 사이로 표현합니다.[8] 하나님은 구원의 완성을 결혼 과정으로 설명해 주십니다. 그러므로 혼인 잔치에 청함을 받았다는 이 말씀의 무게감은 유대인의 결혼식 전통을 이해하면 제대로 느낄 수 있습니다. 1세기 유대인의 결혼식 전통은 다음 세 가지 과정으로 진행됩니다.[9]

첫 번째 과정은 약혼(engagement)입니다. 우리 관점에서 볼 때 이것은 결혼하겠다는 약속이자 결혼을 준비하는 과정입니다. 그런데 유대인의 약혼 개념은 우리보다 한 가지 더 깊은 의미가 있습니다. 약혼식을 위해 신랑은 아버지 집을 떠나 신랑 들러리와 신부 집으로 떠나는 여행을 시작합니다. 이때 중요한 것은 신부를 데려오는 몸값(purchase price)입니다. 아내를 사는 것이기에 반드시 돈을 준비해 가야만 합니다. 이는 예수님이 우리를 위해 이루신 일과도 연결되는 부분입니다. 당시 신랑은 아버지와 상의하여 약혼식 날짜를 잡고 돈으로 그에 대한 값을 지불해야 했습니다. 돈을 지불하는 순간 그 결혼은 유효합니다. 비록 함께 살지 않아도 법적으로 남편과 아내입니다. 약혼한 여인은 오직 그 남자를 위해 구별된 사람이 되는 것입니다. 새로운 언약이 둘 사이에 세워지고, 그 관계는 포도주를 마심으로써 인침을 받습니다. 이 잔이 새로운 계약입니다.

두 번째 과정은 허락을 받고 나서 남자와 친구들은 다시 아버지 집으로 돌아가 결혼을 준비합니다. 그리고 보통은 성경에 요셉과 마리아가 그랬던 것처럼 일 년간 떨어져 삽니다. 이 기간에 신랑은 자기 아버지 집에 아내가 들어와 살 곳을 준비합니다. 두 사람은 법적으로나 영적으로 하나 된 상태입니다. 만약 이 기간에 신랑이 죽으면 신부는 어떻게 될까요? 신부는 과부(widow)로 불리게 됩니다. 즉 결혼은 정혼한 때부터 시작되는 것입니다. 이 기간에 남편과 아내는 서로를 맞이할 준비를 합니다.

약혼 기간 일 년이 지나면 마지막 세 번째 과정으로 결혼이 완성됩니다. 신랑이 축제의 옷을 입습니다. 결혼식 축하 파티의 옷을 입고 들러리와 친구들을 데리고 다시 신부의 집까지 여행을 떠납니다. 이때 일 년은 정확히 365일을 의미하지 않습니다. 그래서 신부는 신랑이 언제쯤 올지 짐작만 할 뿐 그날이 언제인지는 정확히 모릅니다. 또한 놀라움을 더하기 위해 신랑은 보통 한밤중에 신부 집에 도착합니다. 도둑같이 옵니다. 누군가 소리를 지르며 신랑이 도착한 사실을 알리면 신부는 크게 기뻐하며 친구들과 등잔을 들고 신랑을 맞으러 나갑니다. 이것이 결혼 축제입니다. 간단한 예식이 진행될 때 신랑이 가장 먼저 하는 일은 신부를 취하는(take) 것입니다. 그리고 신부 측은 신랑 아버지의 집으로 향합니다. 그 집에 도착하면 그곳에서 잔치에 초대된 사람들과 함께 결혼 축제가 7일 정도 이어집니다.

이런 배경에서 어린양의 혼인 잔치에 성도인 우리가 초대받는다는 것은 얼마나 영광스러운 복입니까! 죄인인 우리가 그분의 은혜로 초대받는다는 사실은 영원한 감사입니다.

5. 마태복음 25장 5-6절을 찾아 읽어 보세요. 다시 오실 예수님을 무엇에 비유하나요?

유대인의 전통적인 혼인 잔치에 대한 배경을 알고 마태복음 25장 1-13절을 읽으면 말씀이 훨씬 더 선명해집니다. 신랑 되시는 주님이 다시 오시는 날을 묘사하고 있습니다. 6절 "신랑이로다 맞으러 나오라(Here is the bridegroom! Come out to meet him!)"는 예수님의 비유는 당시 유대 사회에서 신랑이 신부 집에 결혼하러 가는 날에 했던 말입니다. 이 소리를 들은 신부는 친구들과 함께 신랑을 영접하러 갑니다.

6. 요한복음 14장 2-4절과 마태복음 26장 26-28절을 찾아 읽어 보세

요. 이들 말씀을 혼인 잔치의 관점에서 바라본다면 구체적으로 어떤 뜻일까요?

"내가 너희를 위하여 거처를 예비하러 가노니"라는 요한복음 14장 2절의 말씀은 신랑이 신부가 살 곳을 준비하러 가는 장면을 상기시켜 줍니다. 예수님은 그리스도인을 신부로 여기십니다. 예수님은 갑자기 오셔서 우리를 향해 "신랑이다! 맞으러 나오라!"고 소리치실 것입니다. 우리가 아름다운 아버지 집에서 영원히 살도록 지금도 준비하고 계십니다. 주님이 오시는 날이 구원의 완성입니다. 그래서 요한계시록은 혼인을 이렇게 비유하고 있습니다. 또한 예수님이 십자가를 지시던 날에 성만찬을 하십니다. 떡을 떼시며 "내 몸이니라" 하시고, 포도주를 나누어 주면서 "이것은 … 나의 피 곧 언약의 피니라"고 말씀하십니다. 포도주를 나누는 것은 새로운 언약을 맺는다는 뜻입니다. 우리를 새 언약으로 사신 것입니다. 이것이 바로 약혼 예식과 같습니다. 약혼하는 날 서로 포도주를 마시면서 이 사람과 자신이 부부가 되었다는 언약의 행위를 갖습니다. 우리가 예수님을 믿게 된 날 하나님은 우리와 정혼의 언약을 맺으십니다.

요한계시록은 목숨을 걸고 믿어야 하는 위기 상황에 처한 성도들에게 새 언약, 정혼 관계임을 상기시켜 줍니다. "내가 반드시 너

희를 데리러 올 것이다"라는 확신을 심어 줍니다. 그 구원의 은혜
와 감격 가운데서 할렐루야의 노래가 터져 나오고 있습니다. 하나
님을 알면 그분의 자녀 된 자들의 입에서 나올 말은 네 글자밖에
없습니다. "할렐루야!"

> 7. 요한계시록 19장 9절과 빌립보서 2장 12-13절을 찾아 읽어 보세
>   요. 어린양의 혼인 잔치에 청함을 받은 사람들이 가져야 할 마음가
>   짐에 대해 생각해 봅시다.

어린양의 혼인 잔치에 청함을 받은 사람들이 복이 있는 이유
는 단 하나입니다. 하늘 보좌에 앉아 계신 예수님을 기다리는 삶
을 살고 있기 때문입니다. 신부의 영성으로 신랑이신 예수님을 기
다리는 삶을 살고 있는 것입니다. 특히 주님을 맞이할 사람은 두
렵고 떨리는 마음을 가져야 합니다. 하나님이 구원을 주시는 분이
기에 구원받은 우리는 구원의 날까지 자신을 정결하게 지켜야 합
니다.[10] 신앙은 주님과 이런 관계 속으로 들어가는 것입니다. 좀 더
쉽게 표현하면 결혼하기 전 배우자와 열렬히 사랑하던 때 인생의
중심은 그 사람입니다. 자신의 모든 시간을 거기에 맞춥니다. 마찬
가지로 주님은 우리가 이런 마음으로 살아가길 꿈꾸고 계십니다.
잔치에 초대받은 신부들이 그날을 기쁨으로 기다리는 것처럼 말

입니다. 이것을 아는 그리스도인이라면 어떻게 살아가야 할까요? 사랑과 충성입니다. 사랑은 우리를 보호해 주시고 아버지 집에 영원히 거하게 하실 그분을 사모하는 것입니다. 충성은 마음을 한 곳으로 모으는 것입니다. 세상 사람처럼 살라는 유혹과 공격 가운데서도 우리가 지켜야 할 것은 주님을 향한 마음이라는 사실을 절대 잊지 말아야 합니다.

> 8. 요한계시록 19장 10절을 읽어 보세요. 우리의 경배 대상은 누구입니까?

사도 요한이 놀라며 그 발 앞에 엎드려 경배하려고 하자 천사도 하나님을 수종하는 종이니 경배하지 말라고 말합니다. 오직 하나님께만 경배하라고 합니다. 천사는 경배의 대상이 아닙니다. 그리스도의 종의 사역은 자기의 영광을 구하지 않는 것입니다. 오직 그리스도만을 높이는 것입니다.[11]

── 주님을 기다리며 그분과 친밀한 교제를 누리는 신부는 언제든지 사탄과 싸울 준비가 되어 있어야 합니다.

여기까지가 구원의 노래 전반부입니다. 여기서 중요한 요소 두가지를 발견할 수 있습니다. 첫째, 하나님과의 친밀한 교제입니다.

요한계시록 3장 20절에서 예수님은 "볼지어다 내가 문 밖에 서서 두드리노니 누구든지 내 음성을 듣고 문을 열면 내가 그에게로 들어가 그와 더불어 먹고 그는 나와 더불어 먹으리라"고 말씀하십니다. 먹는다는 행위는 무척 가까운 사이라는 뜻입니다. 구원받은 사람들에게 주님과의 친밀한 교제가 얼마나 중요한지를 일깨워 주시는 말씀입니다. 구원이 얼마나 크고 감격스러운 것인지 알기 때문에 자꾸 주님을 만나고 교제하고 싶은 것입니다. 둘째, 영적 군사력입니다. 주님과 친밀한 교제 가운데 살아갈 때 세상으로부터 수많은 공격을 받습니다. 그래서 사탄과 맞서 싸울 전쟁 준비가 되어 있어야 합니다. 주님과 친밀한 교제의 식사를 하다가도 악한 세력이 나타났을 때 바로 허리띠를 죄고 말씀의 검을 들고 나가 한판 붙어 승리할 수 있는 영적 군사력을 갖춰야 합니다. 이 두 가지가 구원받은 신부로서의 태도입니다. 그러므로 구원은 친밀하고 환희에 찬 결혼이며, 구원은 침략전과 악의 패배입니다. 구원은 결코 이 둘 가운데 하나만을 의미하지 않습니다.[12]

— 예수님이 다시 오실 때 하나님을 대적하던 자들은 반드시 심판을 받습니다.

9. 요한계시록 19장 12-14절을 읽어 보세요. 예수님이 백마를 타고 오신다는 것은 무슨 뜻이며, 예수님을 어떻게 묘사하고 있나요?

구원의 완성과 승리하는 그리스도를 소개하는 말씀입니다. 먼저 "하늘이 열린 것을 보니"라는 말씀이 나옵니다. 요한계시록에는 이 말씀이 네 번 반복됩니다(4:1; 11:19; 15:5; 19:11). 예수님은 전쟁을 수행하기 위해 말을 타고 오십니다. 그러나 실제로 싸우시는 것은 아닙니다. 마지막 전투는 이미 십자가의 승리로 이루어졌기 때문입니다.[13] 주님이 오시면 모든 싸움이 끝납니다. 바다와 땅에서 올라오는 모든 짐승을 묶으시는 분이 바로 예수 그리스도입니다. 12절에 "그 머리에는 많은 관"과 "이름 쓴 것"이 있다는 것은 구약의 대제사장 이마의 금패에 여호와라는 이름이 기록된 것을 상기시켜 줍니다. 또한 신성 모독하는 이름들이 적힌 짐승의 머리의 관들과 대조가 되도록 의도되었을 것입니다.[14] "아는 자가 없다"라는 표현은 구원의 심판에 대한 약속의 성취가 아직 완성되지 않았지만, 그 약속을 지키러 오실 때 자신의 은혜와 성품을 계시할 것을 의미합니다.[15] 13절의 "그가 피 뿌린 옷"은 예수님의 십자가 죽으심을 상징합니다. 믿음의 성도들은 죽었다가 부활하신 그리스도의 피가 묻은 옷을 입고 있습니다. 이는 우리가 죄 사함을 받았다는 뜻입니다. 결국 예수님을 보는 순간 우리 입에서는 할렐루야 감사 찬송이 터져 나올 수밖에 없습니다. 그리고 그 예수님은 하나님의 말씀입니다. 요한복음 1장에도 "말씀이 육신이 되어 우리

가운데 거하시매"라고 기록되어 있습니다. 하늘에 있는 군대들이 희고 깨끗한 세마포 옷을 입고 백마를 타고 예수님을 따라옵니다. 어린양이 다시 오실 때 어린양과 함께한 자들이 동참하는 진짜 전투, 진짜 전쟁은 없습니다. 그리스도가 군사 작전을 펼치는 일도 없습니다. 모든 행동은 그리스도가 하십니다. 그리스도가 가지신 무기는 오로지 그의 말씀이라는 '칼'뿐입니다.[16] 예수님은 그저 말씀하심으로 승리하셨습니다.[17]

10. 요한계시록 19장 15-18절을 읽어 보세요. 하나님은 왜 공중의 새를 모으시고 큰 잔치를 여시는 것일까요?

주님이 오시면 전쟁과 싸움은 모두 끝이 납니다. 영어 성경에서는 예수님을 표현하는 16절 말씀 "만왕의 왕이요 만주의 주(KING OF KINGS AND LORD OF LORDS)"를 전부 대문자로 썼습니다. 예수 그리스도 그분만이 왕이시며, 그분만이 그리스도이십니다. 17-18절에는 그분을 반대하던 원수들의 마지막 운명이 기록되어 있습니다. 하나님은 큰 잔치에 새들을 모으십니다. 하나님을 대적하던 마귀와 사탄을 먹이로 주시기 위해서입니다. 모든 사람의 목적지(destiny)는 식탁입니다. 두 식탁은 모두 하나님이 준비하십니다.[18] 하나는 결혼 축제의 식탁으로, 어린양 예수 그리스도를 위해

준비합니다. 예수 믿는 사람들을 초대하는 것입니다. 또 다른 하나는 새들이 원수들의 시체를 먹도록 초대하는 피 흘림의 식탁입니다. 즉 하나의 식탁은 구원의 식탁이자 축제의 식탁이고, 또 다른 식탁은 죽어 가는 피 흘림의 식탁입니다. 심판과 구원은 똑같은 날, 똑같은 시간에 일어납니다.

11. 요한계시록 19장 19-21절을 읽어 보세요. 하나님을 대적한 자들이 잔인하게 심판을 받습니다. 이들의 심판을 이렇게까지 묘사한 이유는 무엇일까요?

19-21절에서는 악인이 절대로 이길 수 없는 싸움이 소개됩니다. 하나님을 대적하던 짐승, 하나님처럼 행동하던 거짓 선지자들, 자신이 그리스도라고 선전하던 모든 것이 잡힙니다. 그리고 그것들은 산 채로 유황불 붙는 못에 던져집니다. 성경에 이처럼 잔인한 표현이 등장한 것은 처음입니다. 21절은 "말 탄 자의 입", 즉 예수님의 입으로부터 나오는 검이 그 나머지를 이기는 장면입니다. 그 검은 성령의 검, 말씀의 검입니다. 성경은 우리에게 "구원의 투구와 성령의 검 곧 하나님의 말씀을 가지라"(엡 6:17)고 강조합니다. 말씀이 검이며, 말씀으로 사탄을 이길 수 있습니다. 하나님은 이런 심판 장면을 여과 없이 다 보여 주시면서 이 일이 곧 온다고 말씀

하십니다. 여기에는 우리 눈앞에 보이는 세상과 권세에 흔들리지 말고 믿음을 지켜 나가라는 뜻이 담겨 있습니다. 바벨론이 아무리 크고 무시무시한 권력을 가졌다고 해도 결국 하나님은 그들을 심판하십니다. 로마제국이 신처럼 행세할 때가 있습니다. 그러나 그 모든 것은 하나님 앞에서 패배하는 날이 반드시 옵니다.

사도 바울은 이 믿음으로 구원을 전파하며 살았던 사람입니다. 그는 전투에 참여했고 험악한 세력들에게 조금도 위협을 느끼지 않았던 것 같습니다. 영적 전쟁의 현실을 본 것입니다. 수많은 위협과 험악한 세력 앞에서 보이지 않는 것을 바라보며 보이는 것을 이겼습니다. 그는 항상 성취된 승리의 입장에서 모든 것을 바라보았습니다.[19] 그리스도의 승리를 믿고 살아가는 것, 이것이 세상 속에서 하나님의 백성이 취해야 할 행동입니다.

20장
그리스도의 통치: 천년왕국
The Millennium

천년왕국은 육백육십육과 십사만 사천처럼 베일에 가려진 기독교 신앙의 중요한 주제 가운데 하나입니다. 숫자 천년 역시 통계가 아니라 상징입니다. 성경 전체의 흐름과 구원의 역사가 어떻게 흘러가고 있는지 그 흐름 속에서 이해해야 합니다. 분명한 사실은 주님이 다시 오시는 날 우리는 그리스도가 다스리시는 것을 두 눈으로 볼 수 있다는 것입니다. 죄와 악한 세력이 패망하고 구원이 완성됩니다. 그러면 천년왕국이 어떤 상징적 메시지를 담고 있는지 살펴보겠습니다.

하나님께 인침을 받은 자들은 천년 동안 주님과 함께 왕 노릇을 할 것입니다.

12. 요한계시록 20장 1-6절을 읽어 보세요. 짐승에게 미혹되지 않고 믿음의 길을 끝까지 걸어간 그리스도인들은 어떤 특권을 누릴까요?

하나님의 천사가 하늘에서 내려와 아담과 하와를 꾀었던 옛 뱀, 곧 용을 천년 동안 결박해 무저갱에 넣습니다. 요한은 계시록

곳곳에 여러 종류의 상징적 숫자를 사용했습니다. 여기 나온 천년도 상징으로 보아야 합니다.[20] 그 후에 마지막으로 활동하는 시간을 잠깐 줍니다. 4-6절은 그리스도인의 특권을 소개합니다. 세상의 인침을 받지 않고 하나님의 인침을 받은 모든 순교자와 그리스도인은 사탄이 잡혀 있는 천년 동안 그리스도와 함께 왕 노릇을 합니다. 우리가 그리스도와 함께 통치할 날이 온다는 뜻입니다. 이것이 첫째 부활입니다. 그러나 그 나머지 죽은 자들은 그 천년이 차기까지 살지 못하고 그대로 죽습니다. 천년 동안 그리스도의 제사장이 되어 주님과 함께 왕 노릇을 하는 이들에게는 둘째 사망이 없습니다. 한 번 죽고 한 번의 부활이 있을 뿐입니다.

── 그리스도 안에 있으면 우리는 언제 어디서나 천년왕국의 실재 가운데 참여할 수 있습니다.

13. 요한계시록 20장 2-7절에는 단어 천년이 계속해서 나옵니다. 지금까지 자신이 알고 있던 천년왕국의 개념은 어떤 것인가요?

천년왕국에 대한 세 가지 해석[21]

천년왕국에 대한 기독교의 해석은 다음 세 가지입니다. 이 구분은 천년왕국이 언제 오느냐에 따라 나뉩니다.

첫째, 전천년설(Pre-Millennialism)입니다. 〔도표 6〕처럼 천년왕국이 오기 전에 예수님이 재림하십니다. 예수님이 이 땅에 다시 오실 때 우리는 바로 천국으로 가는 것이 아니라 이 땅에서 우리가 천년을 먼저 다스립니다. 마지막에는 사탄이 활동하는 시간을 잠깐 줬다가 그들을 완전히 멸망시킨 다음 21-22장에 나오는 새 하늘과 새 땅의 천국(New Creation)에 들어갑니다.

〔도표 6〕 전천년설

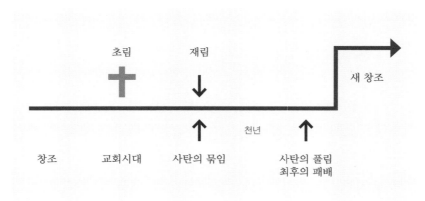

둘째, 무천년설(A-Millennialism)입니다. 영어에서 a가 붙으면 부정

의 뜻입니다. 특정한 숫자를 지칭하는 것이 아니라 〔도표 7〕처럼 예수님이 오신 날부터 다시 오시는 날 사이를 천년왕국으로 봅니다. 하나님이 다스리시는 이 땅에서 우리가 사는 시간으로 이해합니다. 상징적 의미로 천년왕국을 주신 것이고, 지금이 바로 천년왕국이라고 믿습니다. 성경을 보편적으로 가장 잘 이해한 이론이며, 기독교의 전통적 입장입니다. 성 어거스틴, 존 칼뱅(John Calvin, 1509-1564) 모두 무천년설에 서 있었습니다.[22]

〔도표 7〕무천년설

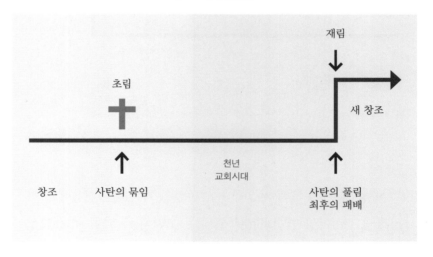

셋째, 후천년설(Post-Millennialism)입니다. 〔도표 8〕이 보여 주듯, 천년왕국이 먼저 오고 나서 예수님이 오신다는 관점입니다. 이 땅

의 기독교는 대부흥과 함께 천년을 누립니다. 그러고 나서 사탄이
마지막으로 활동하는 것처럼 보이다가 주님이 오심으로써 완전히
패배하고, 새 하늘과 새 땅이 열립니다.

〔도표 8〕 후천년설

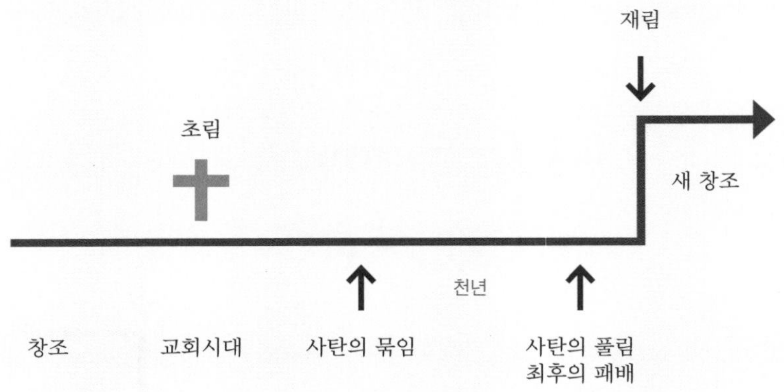

이상 세 가지 해석 가운데 무천년설은 기독교의 전통에 따라
성경적으로 가장 안전한 해석입니다. 그러나 세 가지 이론 모두
기독교 내에서 수용이 가능합니다. 무엇을 믿든지 간에 신앙생활
을 하는 데 아무런 지장이 없음을 밝혀 둡니다. 이 세 가지 이론을
연구하던 모든 사람은 다 주님을 사랑했습니다. 잘 믿기 위해 각
자 그렇게 해석한 것입니다. 어느 것 하나 완벽한 것은 없습니다.

공통분모를 찾아 그것을 붙드는 지혜가 필요합니다. 모든 해석은 우리에게 달려 있지 않고 주님의 손에 달려 있습니다. 어떤 것을 취하든지 간에 우리가 그리스도 안에만 있다면 천년왕국의 실재 가운데 참여할 수 있다는 사실이 중요합니다.[23]

천년왕국의 숫자는 통계가 아니라 상징입니다.[24] 십사만 사천에서 확인했듯, 12곱하기 12에서 144,000이 되려면 10을 세 번 곱해야 합니다(12×12×10×10×10). 천년왕국은 10을 세 번 곱한 것입니다. 10을 세 번 곱한다는 말은 하나님의 완전한 통치와 다스림 아래 있다는 상징입니다. 천년왕국은 우리 예수님이 어제나 오늘이나 영원토록 만왕의 왕이심을 고백하는 표현입니다. 주님은 미래뿐 아니라 지금도 왕이십니다. 7년 대환난 같은 이야기에 너무 신경 쓸 필요가 없습니다. 성경은 사탄을 잠깐 풀어 주는 시간이 있으리라는 정도만 언급하고 있으므로, 과잉 해석을 조심해야 합니다.

14. 요한계시록 20장에 나오는 천년왕국이 당시 로마제국의 통치 시대와 지금의 시대에서 의미하는 것은 무엇일까요?

천년왕국은 혼돈의 역사에서 교회가 아무것도 할 수 없을 정도로 무능력하지 않다는 것을 역설적으로 증명합니다. 교회가 세상의 권력에 짓밟히며 아무 도움도 되지 못하는 피해자가 아니라는 말씀입니다. 이미 이 세상을 다스리시는 예수님이 우리 안에 거하시기 때문에 그 어떤 권세가 교회를 누르려고 해도 무너지지 않습니다.[25] "교회여 일어나라"고 말씀하시는 믿음의 메시지가 천년왕국입니다. 어두운 역사 가운데서 믿음을 가지고 일어나라고 가르쳐 주시는 하나님의 선언입니다. "너희가 이 세상에서 그리스도와 함께 왕 노릇 하리라!" 이 권세를 가진 자가 성도이고 교회입니다. 로마 황제가 왕이 아닙니다. 예수 그리스도가 지금 우리를 다스리시는 왕입니다. 병에 걸렸어도 병이 주인이 아니라 주님이 우리를 다스리십니다. 그 병이 죽음으로 몰아가도 주님이 우리를 통치하시기에 우리를 살리고 부활시키십니다. 믿는 자는 바로 오늘 천년왕국을 사는 것입니다.

"천년의 광기는 천년의 존재(예수님)께 집중함으로써 관리할 수 있습니다. 악한 자를 결박하신 주님을 주목하십시오(Millennial madness is made manageable by focusing on the millennial Man. Keep your eyes on the One who has bound the evil one.)."[26]

"우리의 눈을 한 분에게 맞추어야 합니다. 모든 사탄의 권세를 묶으시는 분, 우리에게 생명을 주시는 분, 모든 권세를 가지고 다스리시며 우리를 참여하게 하시는 한 분, 바로 예수 그리스도이십니다."[27]

중요한 숫자는 '천'이 아닙니다. 중요한 숫자는 '한 분(One)'입니다.[28] 천년왕국의 주인이신 주님을 바라보며 지금 천년왕국을 살아가는 것이 천년왕국이 완성되는 모습에 참여하는 성도의 올바른 자세입니다.

── 마지막 때 모든 피조물이 사라져도 하늘의 생명책에 그 이름이 기록된 믿음의 신부들은 영원한 안식과 구원의 완성을 경험할 수 있습니다.

15. 요한계시록 20장 7-10절을 읽어 보세요. 사탄의 최후는 어떻게 되나요?

- -

"천 년이 차매"라는 구절을 글자 그대로 따라가면 후천년설입니다. 글자 안에 담긴 의미를 생각하며 하나님에 대한 갈망과 사모하는 마음으로 받아들이면 전천년설을 받아들이게 됩니다. 성경 전체를 펼쳐 놓고 그 의미를 찾아보면 무천년설을 따르게 됩니다. 이처럼 어떤 것을 강조하느냐에 따라 각각 다른 이론을 수용할 수 있습니다. 사탄은 천년이 지난 뒤 잠시 놓임을 받고 싸움을 걸어옵니다. 또한 잠깐 놓이지만 하나님의 마지막 심판에서 완전히 멸망당할 것을 예고합니다.

16. 요한계시록 20장 11-15절을 읽어 보세요. 마지막 심판에서 모든
    피조물은 어떻게 되나요?

모든 구원을 완성해 가실 때 눈에 보여 주셨던 땅과 하늘은 다 사라집니다. 다시 말해 주님이 다시 오시는 날, 죄로 물든 이 땅의 모든 피조물까지 주 앞에 설 수는 없습니다. 죄로 얼룩진 사람과 모든 산과 바다도 주 앞에서 사라집니다. 그리고 우리의 행위를 따라 책에 기록된 대로 심판을 받습니다. 이 말씀은 심판이 주 관심사임을 제시하고 동시에 의인의 상급이 함축되어 있습니다.[29] 여기서 이 심판은 각 사람이 살아온 총체적 삶과 일치할 것입니다.[30] 이 말씀이 '믿음으로 말미암는 칭의'를 폐기하지 않습니다. 바울은 예수님을 주님으로 믿는 모든 사람이 '의롭다'는 하나님의 평결을 이미 확신합니다. 그것은 성령의 역사에 의해서입니다. 성령은 그리스도인 개인 안에 영광과 존귀를 착실하게 추구하는 인생 항로를 낳기 때문입니다.[31] 죄를 지을 수 없다는 것이 아닙니다. 성령의 역사가 그리스도인 안에 일어나고 있다는 의미입니다. 14절 말씀에는 "둘째 사망"이 있다고 나옵니다. 둘째 사망이 있고 부활은 단 한 번만 있습니다. 성경은 심판의 완성을 보여 줍니다. 마지막 15절은 "누구든지 생명책에 기록되지 못한 자는 불못에 던져지더라"로 끝납니다.

17. 누가복음 10장 17-20절을 찾아 읽어 보세요. 우리가 삶에서 진정
    으로 기뻐해야 할 것은 무엇인가요?

　예수님은 제자들이 귀신들조차 항복하는 것을 보고 자랑하며 기뻐할 때 한 마디를 남기십니다. "귀신들이 너희에게 항복하는 것으로 기뻐하지 말고, 너희 이름이 하늘에 기록된 것을 기뻐하라"고 말씀하십니다. 구원의 핵심은 우리가 행하는 일이나 업적이 아닙니다. 그분이 성취하고 있던 일입니다. 우리가 기뻐할 것은 바로 우리 주님이 이루어 놓으신 일이어야 합니다. 우리는 구원을 얻고 그에 참예하는 자들이지 그 구원을 만드는 자들이 아니기 때문입니다.[32]

　하나님은 요한계시록을 통해 매일 우리를 향해 덤벼드는 용과 두 짐승을 향해 싸우라고 말씀하십니다. 요한계시록에 기록된 아마겟돈은 우리 삶에서 매일 일어나고 있습니다. 구원은 빼앗겼던 우리의 모든 시간과 영토, 생각, 마음을 다시 주님의 것으로 돌이키는 것입니다. 요한계시록을 읽으면서 감사하게 되는 것은 미래라고 생각했던 것이 과거, 현재와 합쳐지기 때문입니다. 승리를 미래의 것으로 바라보기만 하는 자가 아니라 이 승리를 오늘 취하는 사람으로 살아가게 합니다. 장차 펼쳐질 어린양의 혼인 잔치에 갈 날을 믿음으로 기뻐하면서 오늘을 살아가게 하는 책, 이것이 바로

요한계시록을 읽는 사람들의 축복입니다.

구원의 여정은 '식사와의 전쟁'이라고 표현할 수 있습니다. 다윗은 시편 23편에서 "주께서 내 원수의 목전에서 내게 상(table)을 차려 주시고"라고 고백합니다. 원수들과 전쟁하는 현장에서 우리에게 밥을 주시는 분이 하나님입니다. 교회는 그리스도와 함께 말씀의 음식을 먹고, 대장 되신 주님이 한 가지 신호만 보내도 즉시 함께 싸울 준비가 되어 있어야 합니다. 이것이 주님이 이 땅에 세워 주신 승리하는 교회입니다.[33] 식탁에서 주님과 유월절의 음식을 먹는 우리는 또다시 찾아올 전쟁을 준비하는 군사가 되어야 합니다. 그리고 그 전쟁이 끝나는 날 천국에서 하나님의 자녀로 사는 영원한 안식과 구원의 완성이 펼쳐질 것입니다.

매트 레드맨(Matt Redman)이 부른 〈One Day(When We All Get To Heaven)〉는 요한계시록을 배우면 꼭 불러야 하는 찬양입니다. 가사를 번역하면 다음과 같습니다.

"결국에 주님은 그날 모든 것을 새롭게 하십니다. 주님은 모든 아픔을 싸매 주십니다. 이전 것은 다 지나가게 됩니다. 더 이상 눈물은 없습니다. 결국 예수님이 다 설명해 주십니다. 결국 모든 의문이 풀리게 됩니다. 근심은 다 떠나갑니다. 더 이상 두려움은 없습니다. 우리가 천국에 올라가는 그날에는 기쁨이 넘치고 넘칩니다. 우리가 예수님을 뵙는 그날에는 승리의 함성이 울려 퍼집니다."

이런 날이 올 것입니다. 요한계시록은 장차 이런 날이 오리라고 알려 주면서 오늘 우리가 그것을 누리도록 인도하는 책이기도 합니다. 현재 우리가 겪는 아마겟돈의 전쟁은 미래에 완성될 주님의 나라를 성취하는 과정입니다. 승리는 미래의 것이 아닙니다. 미래에 울려 퍼질 승리의 함성을 지금 선포하며 나아가는 것이 구원의 삶입니다. 신랑 되신 예수님이 다시 오실 그날을 기다리는 신부처럼 세상의 유혹과 공격에도 사랑과 충성의 마음으로 살아가야 합니다.

주님, 지금 우리는 아마겟돈의 전쟁 가운데서 살아가고 있습니다. 도처에서 사탄이 공격해 오고 있습니다. 하늘 생명책에 기록된 우리의 신분을 잊지 않도록 믿음을 주옵소서. 혼인 잔치에 초대받은 신부의 영성으로 모든 환난과 시험을 이겨 내도록 도와주옵소서. 미래에 다시 오실 주님의 승리를 현재에 누리며 살아가겠습니다. 심판 가운데서 우리를 건지실 주님을 기대하며, 언제나 '할렐루야' 찬송하는 삶을 살겠습니다. 구원의 주인 되신 주님을 높이 올려 드립니다. 예수 그리스도의 이름으로 기도합니다. 아멘.

◇◇◇◇◇

우리가 즐거워하고 크게 기뻐하며 그에게 영광을 돌리세
어린양의 혼인 기약이 이르렀고 그의 아내가 자신을 준비하였으므로
그에게 빛나고 깨끗한 세마포 옷을 입도록 허락하셨으니
이 세마포 옷은 성도들의 옳은 행실이로다 하더라

계 19:7-8

The Word
Worship
Sealed
Witness
Perseverance
Judgment
Anticipation
The Kingdom

제8과

미래를 담고 살아가는 현재가 승리입니다

새 하늘과 새 땅이 하늘로부터 내려오는 날이 올 것입니다. 그것은 미래 가 아니라 지금 이미 이루어지고 있는 현재형입니다. 핍박받는 교회를 위해 하늘의 커튼을 열어젖히고 영원한 승리의 환상을 보여 주시는 목 적은 무엇입니까? 믿음을 가지고 신실하게 그리스도를 따라가는 제자 가 되라는 외침이 아닙니까? 심판받을 자들의 결말을 기억하며 교회가 선교의 사명을 끝까지 감당하라는 메시지가 아닙니까? 새 하늘과 새 땅 을 바라보게 하는 것, 바로 우리의 소망을 살찌우게 하는 것이 예배임을 잊지 말고 예배자로 살라는 것이 아닙니까? 미지근한 신앙은 이제 요한 계시록 앞에서 무너져야 할 때가 왔습니다. 주님이 오고 계시기 때문입 니다.

요한계시록 21-22장

"하나님의 나라, 거룩한 성 새 예루살렘은 문제와 고통이 가득한 이 세상 속으로 내려옵니다. 하나님 나라는 2,000여 년 전 예수님이 이 땅에 오신 이후 이미 시작되었습니다. 우리 삶 가운데로 주님과 주님의 나라가 오고 있습니다. 요한계시록은 단지 미래의 이야기가 아닙니다. 미래가 포함된 현재의 이야기입니다. 미래에 완성될 하나님 나라가 현재 우리 삶 가운데 담겨 있습니다. 우리 삶 가운데로 주님이 오고 계시기 때문에 '아멘 주 예수여 오시옵소서'라고 고백하며 미래를 현재의 삶 가운데서 누릴 수 있습니다."

— 요한계시록을 보는 관점

만일 우리가 초대교회 성도들이 당했던 고난과 핍박을 이해하지 못한 채 요한계시록을 읽고 있다면 그 의미를 바르게 이해하기가 어려울 것입니다. 하늘 보좌를 기웃거리다가 쫓겨난 사탄이 일정 기간 이 세상을 다스리고자 한다는 사실을 모른다면, 사탄이 화가 난 채로 하나님을 따르는 성도들과 교회를 계속해서 공격하는 영적 전쟁이 지금 이 땅에서 일어나고 있다는 사실을 모른다면 그리스도인답게 살아간다는 것은 쉽지 않습니다. 계시록의 참된 의미를 깨닫는 것도 쉽지 않습니다.

요한계시록은 우리가 살아가고 있는 이 세상, 고통과 혼란이 너무 많은 이 세상을 바라보지 말라고 권하는 책이 아닙니다. 그저 하늘에 펼쳐지고 있는 천성을 바라보며 살아가라고 도피주의적인 삶을 권하는 책도 아닙니다. 오히려 우리가 겪고 있는 고통의 실재만큼 우리 눈에 보이지 않는 하늘 보좌 위에 앉아 계신 하나님과 어린양 예수 그리스도의 통치가 동일한 실재라는 것을 믿도록 도와줍니다.

역사에서 바벨론과 로마가 하나님을 대적하는 세력으로 흥왕하는 것처럼 보이지만 그 모든 세력은 하나님 앞에 심판을 받게 된다는 사실이 하나님이 이끌어 가고 계신 역사의 모습임을 보여 주고 있습니다. 우리는 하나님이 이끄시는 역사의 현재를 살아가고 있음을 계시를 통해 선포하고 있습니다.

이 세상을 바라보고 있으면 하나님은 무기력한 분처럼 보입니다. 그래서 세상은 하나님이 없다고 말하거나 무시하고 살아가는 길을 택합니다. 현재의 고통 가운데 지쳐 가는 그리스도인들은 현실과 동떨어진 신앙을 택하거나 세상을 따라가는 삶을 선택하기 쉽습니다. 그러나 요한계시록은 아니라고 말합니다. 우리가 살아가는 오늘의 시간이 영적 전쟁의 현장임을 보라고 말합니다. 하늘 보좌에 하나님이 앉아 계심을 보라고 외칩니다. 이 세상 나라가 하나님 나라가 되어 하나님께 영광을 돌릴 날이 오고 있음을 선포합니다.

요한계시록은 시각적 세상에서 살아가는 우리에게 주님이 이루실 역사를 상징과 시각적 환상을 통해 보여 주고 있음을 마음에 두고 읽어야 합니다. 하나님은 새 하늘과 새 땅을 우리에게 주실 것입니다. 지금 천상에서 그 예배가 이미 드려지고 있습니다. 그러므로 예배를 통해 힘을 얻고 세상의 도전에 맞서 보좌에 앉으신 주님을 끝까지 의지하고 믿음으로 살아가자는 것이 요한계시록의 말씀입니다.

오늘 영적 전쟁을 하며 믿음의 길을 걸어가는 우리가 요한계시록을 읽는다면 어떤 신앙 고백이 터질까요? 하나님이 이루실 역사의 큰 그림을 바라보며 세상 한가운데서 주님을 향해 예배하는 성도가 되길 바랍니다.

들어가기 Intro

각자의 삶을 잠시 점검해 보겠습니다. 지금 과거와 현재, 미래 가운데 어디에 중점을 두고 살아갑니까? 혹시 과거의 상처에 지배를 받고 있습니까? 현재 누리고 있는 삶의 기쁨을 위해 애쓰고 있습니까? 아니면 미래의 목표를 이루기 위해 모든 것을 감내하며 지내고 있습니까? 함께 이야기를 나누면서 기독교 신앙이 안내하는 균형 잡힌 삶의 자세가 무엇인지 생각해 보십시오. 사도 요한의 환상은 현재의 삶을 현재 진행 중인 하나님의 모든 일에 비추어 이해합니다. 과거의 십자가 사건과 믿음의 수고들이 현재로 흘러들어 오고 하나님 나라 완성의 미래가 이 현재에 밀어닥치는 것으로 묘사하고 있습니다.[1] 하나님의 은혜는 우리의 과거와 현재와 미래를 그리스도 안에서 연결해 줍니다. 세상에서 믿음을 살아가도록 인도하는 그 은혜의 최종 목적지는 새 하늘과 새 땅입니다.

21장
새 예루살렘
The New Jerusalem

— 하나님 나라는 아픔과 절망, 수치와 고통이 가득한 이 세상에 도 래합니다.

> 1. 요한계시록 21장 1-2절을 읽어 보세요. 새 예루살렘 성은 어디서 내 려오나요?

하나님이 계시를 통해 사도 요한에게 영광스러운 미래, 지금까 지 본 적 없는 새로운 하늘과 땅을 보여 주십니다. 그런데 처음부 터 있던 하늘과 땅은 사라졌습니다. 주님의 나라가 도래할 때 우 리가 보고 있는 모든 땅은 없어집니다. 바다도 사라집니다. 이전과 는 비교할 수 없는 새 하늘과 새 땅이 우리 앞에 펼쳐집니다.

새 예루살렘 성이 하늘에서 내려옵니다. 이 하늘은 영어 성경 에 'heaven'이라고 기록되어 있는데, 일상적으로 가리키는 하늘은 'sky'입니다. heaven은 눈에 보이지 않는 하늘이고 sky는 눈에 보이 는 하늘입니다. 한편 우리말은 하늘을 heaven과 sky로 구분해 사용하지 않습니다. 마찬가지로 히브리어와 헬라어도 구분해 사용하지 않습니다. 하늘은 히브리어로 샤마임(samayim), 헬라어로 우라노스(ouranos)입니다. 우리말과 히브리어, 헬라어는 시적이고 은은한 느낌을 주고 한 단어를 상황에 따라 다르게 해석하도록 허용합니다.[2]

우리 눈에 보이는 하늘과 보이지 않는 하늘을 한 단어로 사용하는 것은 보이는 세계 속에 보이지 않는 하늘이 이 땅에 도래할 수 있음을 깨닫게 하는 데 일조합니다. 성경은 이 두 가지가 다 실재한다는 것을 말씀하고 있는데, 하나가 다른 것을 상기시켜 주는 역할을 가능케 합니다.[3] 역사의 마지막 날, 우리 눈에 보이지 않았지만 실재하던 하나님의 역사는 우리가 볼 수 있도록 현장에 침투해 내려옵니다. 마지막 때가 오면 안 보이던 것이 이 땅에 내려옵니다. 눈에 보이는 것을 통해 안 보이는 것을 이해하도록 도와줍니다. 그래서 말씀이 실재가 되도록 해줍니다. 오늘 이 땅을 살아가면서 우리와 함께하시는 하나님이 오늘도 내일도 실재가 될 수 있다는 말씀입니다.

새 하늘과 새 땅이 실재가 되어 이 세계로 내려온다는 말씀은 다음의 두 가지 사실을 일깨워 줍니다.[4] 첫째, 보이지 않는 세계를 무시하며 살아가는 실수를 범하지 말라는 말씀입니다. 새 하늘이 이 땅에 내려온다는 것은 눈에 보이지 않는 하나님의 역사가 지금 진행되고 있다는 뜻입니다. 눈에 보이는 것에만 집착해 세상이 말하는 성공과 유익이 최고인 것처럼 사는 것에 대한 경고입니다. 둘째, 이와 반대로 물질을 무시한 채 영적인 것만 중요하게 여기는 경향을 조심하라는 말씀입니다. 이런 경우에는 이 세상의 문제가 해결되지 않을 때 도피주의자가 됩니다. 현실을 무시하는 종말론에 빠집니다. 오늘 우리가 이 땅에서 감당해야 할 사명과 십자가, 주님을 의지해 넘어서야 할 문제와 고통이 있음을 인정하며 나아가야 합니다. 왜냐하면 우리는 이 땅에서 살아가고 있기 때문입니다.

믿음으로 사는 사람은 이 두 가지 길을 경계해야 합니다. 특히 요한계시록의 메시지를 땅을 떠난 하늘의 이야기로만 생각하려는 것을 경계해야 합니다. 성경이 말하고 있는 새 하늘은 세상을 살아가면서 힘들고 지칠 때 도피할 수 있는 일종의 꿈이 아닙니다.[5] 우리가 두 발을 딛고 서 있는 이 땅을 통해, 우리가 바라보는 하늘을 통해 하나님이 이루실 보이지 않는 새 하늘을 믿을 수 있는 믿음이 열립니다. 그래서 요한계시록의 마지막은 하늘과 땅의 완전한 변혁입니다.[6] 또한 이것은 주기도문의 "(당신의) 나라가 임하시오며"에 대한 최종적 응답입니다.[7]

2. 요한계시록 21장 2절을 다시 한번 읽어 보세요. 하늘에서 내려오는 새 예루살렘을 거룩한 성이라고 표현한 이유는 무엇일까요?

하늘에서 거룩한 성 새 예루살렘이 내려옵니다. 거룩한 성은 'the Holy City'입니다. 즉 도시입니다. 도시(city)는 역사 이래로 하나님을 거역하는 것의 상징이었습니다. 하나님을 망각하고 무시한 채 모두 잘났다고 떠들어 대는 곳이며, 폭력과 문제가 빈번하게 발생하는 곳입니다. 가인이 동생 아벨을 죽이고 세운 곳이 도시이며, 바벨탑을 세워 하나님이 계신 하늘을 향해 도전한 곳도 도시입니다. 사도 요한이 마지막 심판을 다룬 곳도 도시 바벨론이었습니다.[8]

프랑스의 사회학자이자 신학자인 자크 엘륄(Jacques Ellul, 1912-1994)은 도시를 다음과 같이 설명합니다.

"도시는 하나님을 반대하는 실재로서 성경에 표현되었다. 사람들의 도시는 하나님으로부터 떠나는 것의 상징으로 역사 속에서 세워져 왔고, 살아 계신 하나님의 말씀으로부터 거리를 두고 떨어져서 자신들의 세상을 만들기 위한 곳으로 표현되어 왔다."[9]

도시는 교만과 폭행의 장소입니다.[10] 도시의 개념이 이처럼 부정적인데도 하나님은 왜 예루살렘 '성(도시)'을 다시 세운다고 말씀하실까요?

하늘의 도시(the city)가 지상의 도시(the city)를 침공한 것을 의미하기 때문입니다. 이 세상의 문제와 스트레스, 우리가 싫어하는 것을 피해 하늘에 들어가는 것이 아니라 하나님이 우리를 두신 장소가 성화되어 그곳에 들어가는 것입니다. 요한계시록에는 전혀 도

피주의 냄새가 나지 않습니다.[11]

하나님 나라는 우리가 사는 이 시대, 이 땅과 동떨어진 것이 아닙니다. 거짓과 우상과 이단이 들끓는 이 세상 속으로, 하나님을 거역하고 배반했던 이 도시에 주님이 들어오셔서 하나님 나라가 되게 하십니다. 그러므로 우리는 현실을 무시하는 삶을 사는 것이 아니라 주님이 오실 때까지 하나님 나라를 만들기 위해 최선을 다하는 삶을 살아야 합니다. 힘들고 지쳐 쓰러져 가는 상황에서도 주님을 붙들고, 주님의 나라가 이곳에 오리라는 믿음을 가지고 오늘을 힘 있게 살아가는 성도가 되라는 말씀입니다.

성경 말씀을 보면 하늘에서 내려오는 그 도시(the Holy City)가 '새 예루살렘'이라고 기록되어 있습니다. 예루살렘은 바벨론과 로마에 의해 철저히 파괴되었던 도시입니다. 예수님은 예루살렘 성을 향해 "예루살렘아 예루살렘아 선지자들을 죽이고 네게 파송된 자들을 돌로 치는 자여 암탉이 그 새끼를 날개 아래에 모음같이 내가 네 자녀를 모으려 한 일이 몇 번이더냐 그러나 너희가 원하지 아니하였도다"(마 23:37)라고 말씀하며 탄식하고 우셨습니다. 이렇게 주님을 거역하고 배반했던 곳이 하나님의 도성과 하늘의 모형으로 제시된다는 것은 매우 드문 일입니다.[12] 그러나 하나님이 도래하실 새 하늘과 새 땅은 우리 눈으로 볼 때 가능성이 높은 곳에 세워지지 않습니다. 예루살렘처럼 아픔과 상처, 수치와 배반이 들끓는 이 세상 한복판에 주님의 나라가 임한다고 말씀합니다. 이것이 사실이라면, 신실하지 못한 우리의 모습 가운데 어떤 것도, 삶 가운데 어두침침한 어떤 구석도 하늘의 주춧돌과 출입문의 재목으로 사용되지 않을 것이 하나도 없습니다.[13] 하나님 나라는 믿는 자에게 선물이 될 것입니다.

또한 위에서 내려온다는 것은 인간의 어떤 노력으로 완성될 수 없다는 뜻입니다. 예수 그리스도의 다시 오심 그리고 함께 오는 새 예루살렘은 하나님의 작품입니다. 새 하늘과 새 땅은 하나님이 주시는 은혜의 선물입니다.[14] 우리는 그저 그 은혜에 응답하여 주님이 이루실 일을 위해 열심히 협력하며 참여할 뿐입니다.

── 하나님 나라는 죽음을 뛰어넘는 축복의 동산입니다.

성경에서 바다는 혼란과 혼동의 세력을 대표하는 단어로 사용됩니다. 우리를 향해 늘 위협하는 힘을 뜻하는 곳이 바다입니다. 요한계시록에서도 바다는 한 짐승이 나온 곳이었습니다(13:1). 그러므로 1절의 "바다도 다시 있지 않더라"는 우리를 흔드는 모든 혼돈의 세력이 끝났다는 뜻입니다.[15] 바로 그곳이 새 하늘과 새 땅, 천국입니다. 천국은 우리를 괴롭히던 모든 병이 사라지고 해함도 상함도 없는 곳입니다.

3. 요한계시록 21장 4-8절을 읽어 보세요. 그리고 이사야 65장 20절과 24-25절을 찾아 함께 읽어 보세요. 천국의 모습은 구체적으로

어떻습니까?

　주님의 나라가 오면 주님이 우리의 눈물을 닦아 주십니다. 사망이 없고 애통함이 없고 울 일과 아플 일이 없습니다. 고통은 모두 사라지고 영광만 가득한 곳이 바로 천국입니다. 이사야서에서 "백 세가 못 되어 죽는 자는 저주 받은 자"라고 표현할 정도로 죽음을 뛰어넘는 곳이 천국입니다. 또한 우리가 부르기 전에 하나님이 응답하시고 말을 마치기 전에 들으시는 축복의 동산입니다. 해함도 상함도 없는 곳입니다. 그런데 5절의 "내가 만물을 새롭게 하노라"는 말씀은 미래 시제가 아닙니다. 하나님이 지금 만물을 새롭게 하시는 중이라고 말씀합니다. 다시 말해 '주님의 나라가 올 것이다'가 아니라 '현재 가까이 오고 있다'는 뜻입니다. 요한계시록이 말하고자 하는 바는 지금도 천국을 맛볼 수 있다는 것입니다. 6절의 "나는 알파와 오메가요 처음과 마지막이라"는 창세기와 요한계시록을 연결해 주시는 말씀으로, 역사의 시작과 과정과 끝을 주관하시는 분이 주님이라는 뜻입니다. 창조와 함께 시작된 장엄한 내러티브는 이제 선지자들이 줄기차게 약속했던 새 창조에 이르러 막을 내립니다.[16] 7절과 8절에서는 새 하늘과 새 땅에서 영광과 수치가 갈라질 것이라고 말씀합니다. 우리는 모두 주님의 아들이 됩니다. 우리는 주님의 신부이자 아들입니다. 이 성경 말씀에

서 자녀가 아니라 아들이라는 단어를 사용한 이유는 남녀를 구분하지 않고 모든 믿는 자가 갖게 될 정확한 '상속권'을 명시하기 위해서입니다.[17] 그러나 믿지 않는 자들은 모두 불과 유황 못에 던져집니다. 이것이 둘째 사망입니다.

— 하나님 나라는 우리의 공로가 아닌 주님의 은혜와 사랑으로 들어갈 수 있으며, 이 세상의 그 무엇과도 비교할 수 없이 광대한 곳입니다.

4. 요한계시록 21장 9-14절을 읽어 보세요. 새 예루살렘 성의 문과 기초석에 열두 지파의 이름이 기록된 이유는 무엇일까요?

- -

하늘에서 내려오는 새 예루살렘 성의 모습을 구체적으로 보여 주십니다. 하나님의 영광이 있는 곳이며, 귀한 보석 같고 벽옥과 수정처럼 맑은 곳입니다. 천국은 전혀 지루한 곳이 아닙니다. 하나님은 창조주이시기에 우리 지성의 한계를 뛰어넘는 놀라운 곳으로 지으실 것입니다.

그곳에는 열두 개의 문이 있고, 그 문들 위에 열두 지파의 이름이 적혀 있습니다. 성곽의 열두 기초석 위에도 열두 지파의 이름이 있습니다. 12-14절에서 열둘이라는 숫자가 여섯 번이나 반복됩니다. 하늘에 들어가는 문과 기초석 위에 열두 지파의 이름이 기록되었다는 것은 무슨 뜻일까요? 열두 지파 가운데 언뜻 보기에도 부적합한 이름이 있습니다. 아버지의 첩과 동침한 르우벤, 요셉을 판 유다 등 죄를 지은 자들의 이름이 그대로 적혀 있습니다. 그러나 이런 이들을 사용해 예수님 안에서 완성된 구원 사역의 기초를 놓으셨다는 것은 매우 중요한 의미를 포함합니다. 하나님은 구원받을 자격이 없는 사람들의 구원을 끈질긴 은혜로 이루셨다는 뜻입니다.[18] 우리도 마찬가지입니다. 부족한 열두 지파의 대표들이 그렇게 쓰임을 받았다면 주님은 끈질긴 은혜로 부족한 우리의 믿음을 지켜 주셔서 하나님 나라에 들어가게 하실 것입니다. 그것을 우리에게 보여 주시려고 이렇게 부족해 보이는 대표들의 이름을 기록하고 있습니다.

5. 요한계시록 21장 15-21절을 읽어 보세요. 새 예루살렘 성의 크기는 어느 정도이며, 그 크기가 의미하는 것은 무엇일까요?

정사각형의 입체 모양으로 된 성곽의 크기는 자그마치 만 이천 스다디온입니다. 반복해 등장하고 있는 상징 숫자 12에 10을 세 번 곱한 값입니다(12×10×10×10). 만 이천 스다디온의 정확한 수치는 알 수 없지만 2,414킬로미터 정도 됩니다. 실로 엄청난 크기입니

다. 상징적 숫자를 사용해 이처럼 큰 성곽의 모습을 보여 주신 이유는 하나님의 위대하심과 광대하심을 느끼도록 하기 위해서입니다. 이를 통해 우리 주변에 있는 신성 모독적인 것과 하나님을 대적하는 모든 것이 보잘것없음을 깨닫게 하십니다.[19] 또한 12는 완전한 숫자입니다. 12가 계속해서 반복된다는 것은 하나님의 약속이 완전하게 성취되었음을 뜻합니다.[20] 하나님의 약속의 말씀이 완전하게 성취된 곳이 주의 나라입니다. 이처럼 하나님의 위대하심과 거룩하심, 전능하심을 안다면 누가 그분을 떠나 혼자 살 수 있다고 말하겠습니까! 하나님을 모르는 자는 세상에 보이는 것을 따라 살아가지만, 하나님이 어떤 분인지 정확히 아는 사람은 그분을 떠나서는 살아갈 수가 없습니다. 우리는 바벨론에서 살고 있지만 동시에 새 예루살렘을 바라보며 오늘을 살아가는 사람임을 잊지 말아야 합니다. 하나님은 새 예루살렘 성에 장식되어 있는 수많은 보석(제사장의 옷에 달았던)을 펼쳐 보이시며, 천국의 아름다움과 기쁨을 마음에 품게 하십니다. 빛이 비칠 때 여러 가지 색을 발하는 천국의 보석처럼 그리스도인의 삶 역시 그리스도께서 비추는 은혜와 사랑의 빛으로 기쁨이 넘칠 것입니다.

━모든 경계가 사라지고 모든 곳에 주님의 임재가 있는 곳이 하나님 나라입니다.

6. 요한계시록 21장 22절을 읽어 보세요. 새 예루살렘 성에서는 왜 성전을 볼 수 없을까요?

아름답고 웅장한 새 예루살렘 성에는 성전이 없습니다. 에스겔 47-48장을 비롯하여 성경 전체를 통해 일관되게 약속하신 말씀은 '무너진 성전의 회복'이었습니다. 그런데 하나님 나라가 도래할 때 성전이 보이지 않습니다. 그 이유는 주 하나님, 곧 전능하신 이와 어린양이 바로 성전이기 때문입니다. 히브리서(9장)는 이 땅에 있던 구약의 성막이 하늘에 있는 것의 모형이고, 참 성막은 예수 그리스도라고 말씀합니다. 또한 새 예루살렘 성이 정사각형의 입체 모양인 것은 성전의 지성소를 상징합니다. 새 예루살렘 성은 단순한 성전이 아니라 지성소입니다.[21] 다시 말해 새 예루살렘 성이 온다는 것은 지성소가 통째로 온다는 뜻입니다. 하나님의 임재가 지성소에 머무르셨던 것처럼 언젠가 새 하늘과 새 땅 전체에 하나님의 임재가 충만할 것입니다. 새로운 창조 세계 전체가 지성소가 되는 것입니다.[22] 천국은 그 자체로 하나님의 임재가 다스리는 곳이며, 하나님의 임재와 부재의 구별이 없는 곳입니다. 만약 이것이

하나님이 꿈꾸시는 성전의 완성이라면 우리가 일하는 곳과 생활하는 곳에서도 주님을 모시고 사는 연습이 필요합니다. 그것이 천국을 살아가는 자의 진정한 모습이기 때문입니다. 이런 믿음으로 그 당시 핍박받던 성도들은 눈에 보이는 권세를 두려워하지 않고 주님을 의지하며 어느 곳에 있든지 지성소의 삶을 살아갈 수 있었습니다. 이 일이 오늘을 사는 우리에게도 일어나기를 바랍니다. 그래서 늘 주님과 동행을 의식하면서 살아가는 연습이 필요합니다.

7. 요한계시록 21장 23-27절을 읽어 보세요. 천국에는 빛이 없고 성문도 닫지 않는다고 말씀합니다. 그 이유는 무엇일까요?

천국에 없는 것이 또 한 가지 있습니다. 빛이 없습니다. 하나님의 영광과 어린양의 등불이 비치고 있기 때문입니다. 구약의 지성소에는 언약궤만 있을 뿐 그 어떤 인위적인 빛이 없었습니다. 주님이 빛이시기 때문입니다. 주의 영광의 빛이 비치는 곳이 천국입니다. 또 한 가지 특징은 문을 닫지 않는다는 것입니다. 모든 경계선이 없습니다. 인종의 차별이 없습니다. 모두가 하나님의 자녀임을 알아보기 때문입니다. 그러나 그곳은 어린양의 생명책에 기록된 자들만이 들어갈 수 있습니다. 이것이 요한계시록에 분명히 기록된 복음입니다.[23] 어린양 예수님만을 자신의 구원자와 주님

으로 믿는 모든 자에게 천국은 경계와 차별이 없는 곳입니다. 흑인과 백인이 만나도 아무 상관이 없습니다. 마틴 루터 킹 주니어 (Martin Luther King Jr., 1929-1968) 목사는 '나에게는 꿈이 있습니다(I have a dream)' 연설을 통해 피부색이 아니라 그 안에 가진 성품으로 인정받게 될 나라를 꿈꾸며 소망했습니다. 차별과 고통을 당하는 사람일수록 하늘에 소망을 두고 살아갑니다. 그래서 흑인 영가에는 주님의 오심을 기다리는 노래가 많습니다. 이 세상에 장차 도래할 하나님 나라를 노래하고 있습니다. 〈어메이징 그레이스(Amazing Grace)〉 4절에서 다음과 같이 고백합니다. "거기서 우리 영원히 주님의 은혜로 해처럼 밝게 살면서 주 찬양하리라." 21장 23절은 이사야 60장 19절의 "다시는 낮에 해가 네 빛이 되지 아니하며 달도 네게 빛을 비추지 않을 것이요 오직 여호와가 네게 영원한 빛이 되며 네 하나님이 네 영광이 되리니"라는 말씀에 기초를 두고 있습니다. 하나님의 영광을 강조하는 이유가 있습니다. 하나님의 백성을 새롭게 하고 그들의 필요를 만족시키는 주체는 아름다운 성이 아니라 오직 하나님 한 분임을 알리기 위함입니다.[24]

22장
마지막 말씀
The Final Word

— 하나님 나라는 영화된 모습으로 들어가는 곳이며, 모든 질병과
  고통이 끝난 곳입니다.

8. 요한계시록 22장 1-5절을 읽어 보세요. 천국에 생명수와 생명나무
   가 있다는 것은 무엇을 뜻합니까?

하나님과 어린양의 보좌로부터 흘러나오는 생명수의 강을 보
여 주십니다. 단어 '생명'은 헬라어에서 다음 두 가지로 나뉩니다.
한번 태어나서 죽는 생명을 비오스(bios)라 하고, 하나님만이 가지
시고 우리에게 주시는 생명을 조에(zoe)라고 합니다.[25] 생명수의 강
에 사용된 단어는 영원한 생명을 뜻하는 조에입니다. 만국을 치료
하는 생명나무가 있습니다. 이 말씀은 모든 질병과 고통이 끝난
곳이 바로 천국이라는 뜻입니다. 그곳에서는 주님의 얼굴을 볼 수
있습니다. 원래 죄인인 인간이 거룩한 하나님의 얼굴을 보면 죽습
니다. 출애굽기 3장에서도 모세가 하나님의 영광을 구할 때 오직

그 뒤만 볼 수 있었습니다. 그러나 천국에서는 주님의 얼굴을 뵐 수 있습니다. 우리가 영화된 모습으로 그 나라에 참여하기 때문입니다. 주님이 우리를 영원하고 완전한 하나님의 자녀로 바꾸어 놓으셨기 때문입니다. 또한 우리의 이마에 그분의 이름이 있다는 것은 우리가 누구에게 속해 있는지를 상징적으로 보여 줍니다. 이름은 그 사람의 성품을 드러내는데, 하나님의 성품이 그들에게 있음을 보여 주십니다. 왜냐하면 우리는 결국 하나님을 닮은 자의 모습으로 바뀔 것이기 때문입니다.[26] 그곳에는 빛도 필요 없습니다. 주님이 우리를 직접 비추시기 때문입니다.

9. 요한일서 3장 2-3절을 찾아 읽어 보세요. 하나님의 자녀로 인침을 받은 자는 어떤 삶을 살아야 합니까?

우리가 주님의 얼굴을 보게 될 날이 곧 옵니다. 그리스도께서 이루신 완전함을 통해 하나님으로부터 의롭다고 선언을 받은 자는 영화된 모습으로 변화를 받아 천국에 들어갈 것입니다. 그렇다면 이것을 아는 사람들이 마땅히 행해야 할 이 땅의 삶은 어떠해야 할까요? 이 소망을 갖고 사는 사람은 자기를 깨끗하게 하여 살아가야 합니다. 억지로 하는 것이 아니라 주님을 사모하는 마음으로, 그 은혜에 감사하는 마음으로 살아가는 것이 신앙의 길입니다.

때로는 육의 욕심을 십자가에 못 박는 연습과 노력이 필요하며, 동시에 주님을 깊이 사랑할 수 있는 마음을 갖게 해 달라고 은혜와 긍휼을 구하며 살아가야 합니다.

── 요한계시록은 오직 예수 그리스도께만 집중되어 있습니다.

10. 요한계시록 22장 6-9절을 읽어 보세요. 사도 요한이 천사의 발 앞에 경배하려고 엎드린 이유는 무엇일까요?

지금까지 이 모든 것을 듣고 본 사도 요한은 이것을 보여 준 천사에게 경배하기 위해 그 앞에 엎드립니다. 요한은 19장에서도 이미 이런 행동을 한 적이 있습니다. 그때도 천사는 하나님만 경배할 것을 말합니다. 요한은 왜 반복해서 이런 행동을 했을까요? 그것이 더 쉽기 때문입니다. 순종하는 것보다 황홀경에 빠지는 편이 더 쉽기 때문입니다. 하나님을 섬기는 자리로 들어가는 것보다 초자연적인 것에 매료되기가 더 쉽습니다.[27] 마치 우리가 땅에서 발을 뗀 것 같은 거룩한 체험의 순간이 믿음인 줄로 오해하지 말라는 말씀입니다. 계시를 보여 주는 천사가 계시된 하나님보다 더 인기 있게 마련입니다.[28] 이때 경배는 오로지 하나님께 드리라고 말씀합니다. 천사도 하나님 앞에 무릎 꿇고 예배할

266

자입니다. 우리는 그 어떤 것도 우상으로 삼지 말고 하나님만 예배해야 합니다.

요한계시록을 읽으면서 사람들은 하나님을 제외한 모든 것에 흥미를 갖게 될 위험에 처할 수 있습니다. 상징의 수집에 몰두하고 숫자에 매료됩니다. 모든 상상력을 동원해 이상한 생각에 빠져듭니다. 그러나 요한계시록을 읽었다면 단 하나만 남아 있어야 합니다. 바로 예수 그리스도입니다. 요한계시록은 그 어떤 책보다 예수 그리스도에 집중하고 있습니다. 예수님은 "때와 시기는 아버지께서 자기의 권한에 두셨으니 너희가 알 바 아니요"(행 1:7)라고 말씀하셨습니다. 마지막 날이 언제인지 그날과 그 숫자에 대해 알려고 할 필요도 없습니다. 그리스도인에게는 매일 주님이 오셔도 좋은 날이기 때문입니다. 천사의 책망이 있었음에도 그 앞에 엎드리는 것은 실망스러운 우리의 모습과 같습니다.[29] 우리가 범할 수 있는 영적 실수를 보여 줍니다. 신앙은 주님을 바라보는 연습입니다.

요한계시록은 '예수님이 누구인가'와 '그분이 하시는 일이 무엇인가'에 대한 말씀입니다. 세상의 종말에 대한 계시가 아닙니다. 적그리스도의 정체에 대한 것과 역사의 종말 시간표에 대한 설명이 아닙니다. 건전하지 못한 호기심과 잘못된 공상은 잘못된 해석을 낳습니다. 그리스도를 믿는 믿음 없이는 이해가 불가능한 말씀이 요한계시록입니다. 천사는 오직 "하나님께 경배하라"고 거듭 강조합니다. 왜냐하면 예배는 우리로 하여금 예수 그리스도께 다시 초점을 맞추게 하기 때문입니다.[30] 그것은 깨어 있는 상태에서 그리스도가 우리 가운데 오시는 것을 주목하도록 만듭니다. 사도 요한의 강조점은 미래 자체에 있는 것이 아니라 미래를 가득 담고 있는 현재를 살라는 것입니다.[31]

— 주님이 다시 오실 약속의 날을 기다리는 성도는 행함이 있는 믿음으로 세상과 싸워 승리하는 삶을 살아갑니다.

11. 요한계시록 22장 10-12절을 읽어 보세요. 다시 오실 주님은 어떤 이들에게 상을 주시나요?

때가 가까이 왔다는 말씀은 마태복음부터 요한계시록까지 계속 반복되는 말씀입니다. 2,000여 년 전부터 지금까지 이어져 오고 있습니다. 11절 말씀은 주님의 날이 올 때가 되면 더는 돌이킬 기회가 없다는 뜻입니다. 그리고 12절은 하나님을 믿는 자에게 주실 상급에 대한 말씀입니다. 믿음으로 산다는 것은 말씀과 예배와 삶의 조화입니다. 주님은 믿음의 삶에 대한 보상을 주신다고 약속하십니다. 그래서 우리는 삶 가운데서 믿음을 발휘할 수 있는 연습을 해야 합니다. 열왕기상 17장에서 엘리야 선지자는 먹을 것이 없는 사르밧 과부에게 가루와 기름으로 떡을 만들어 달라고 했습

니다. 자기가 먹고 죽을 것밖에 없는 사람에게 먹을 것을 달라고 말합니다. 하나님이 선지자가 올 것이니 그를 공궤하라고 이미 말씀하셨기 때문에 그 여인이 믿음으로 반응할 것을 담대히 선포한 것입니다. 말씀대로, 믿음대로 행하여 주님이 주시는 상급을 받는 그리스도인이 되어야 하겠습니다.

12. 요한계시록 22장 13-16절을 읽어 보세요. 어떤 사람이 천국에 들어갈 권세를 받습니까?

알파와 오메가, 처음과 마지막, 시작과 마침의 성경 원어의 뜻은 처음이 있기 전부터 계획이 있었다는 것입니다. 예수님이 역사의 시작이고 마지막이라는 것입니다. 어느 누구도 예수님을 피하여 도망갈 수 없다(inescapable)는 뜻입니다.[32] 자기 두루마기를 빤다는 것은 예수 그리스도를 믿고 그분의 피로 씻김을 받는다는 뜻으로, 이들이 천국에 들어가는 권세를 받습니다. 15절 말씀은 구원이 오면 반드시 심판이 있다는 것인데, 바꿔 말하면 심판이 있어야 구원이 의미를 갖게 된다는 말입니다. 16절에서 예수님은 직접 자신을 소개하십니다. 사도 요한에게 예수님이 직접 말씀하고 계십니다. 예수님은 교회를 위해 지금까지 모든 증언을 보여 주셨습니다. 예수님은 모든 성경에 연결되는 다윗의 자손으로 오셨고,

빛나는 새벽 별입니다. 새벽 별은 어둠을 끝내는 별이기에 주님이 오시면 밤이 물러가고 아침이 옵니다. 사탄의 권세가 끝나고 모든 싸움은 주님의 승리로 끝납니다. 하나님을 대적하는 모든 것이 사라지는 것입니다. 하나님의 공동체를 흥왕하지 못하게 가로막는 모든 것이 제거당하고, 그런 흥왕을 가능케 하며 촉진하는 모든 것이 존재하게 됩니다.[33]

처음과 나중이신 하나님이 오늘도 구원의 역사를 펼치고 계십니다. 구원하실 자를 찾고 계십니다. 창세기의 노아 시대부터 오늘에 이르기까지, 초대교회부터 주님이 오실 때까지 이 세상이 하나님에 대해 하는 일은 변함이 없습니다. 세상은 인기 있는 삶과 성공하는 삶을 부각시키며, 그리스도인의 삶이 정말 초라하기 짝이 없다는 의식을 계속해서 심어 줍니다.

그뿐만이 아닙니다. 예수님을 단지 좋은 분으로만 믿으라고 유혹합니다. 예수님을 하나님으로 믿지 못하도록 방해합니다. 목숨을 걸고 믿어야 할 분이라고 가르치지 않습니다. 심지어 모든 종교가 동일하다고 가르치면서 단지 로마의 선한 시민처럼 살아가라고 말합니다. 사탄의 이런 작전이 성공한다면 많은 사람이 그리스도인이 될 수는 있지만 아무런 영향력을 미치지 못하는 신자가 되고 맙니다.[34] 요한계시록은 이런 세상의 일에 대항하여 싸우며 살아가는 영적 전쟁이 신앙이라고 말씀합니다. 불신앙에 대항하기보다 미지근한 믿음, 아무런 영향력도 행사하지 못하는 믿음에 반대합니다.[35] 세상도 붙들고 주님도 붙드는 뜨뜻미지근한 신앙, 적당히 믿으려는 사람을 깨우쳐 주는 말씀입니다. 그리고 6절 말씀처럼 "속히 되어질 일"임을 강조하면서 그 긴급성을 알려 줍니다. 그래서 2,000여 년 전부터 이 약속을 "속히 되어질 일"로 표현하고 있습니다. 우리의 옷은 그리스도의 피로 씻겨졌습니까? 우리는 그리스도의 것입니까? 그분이 오고 계십니다.

— 미래에 완성될 하나님 나라는 현재의 삶 가운데 이미 담겨 있습니다.

종말은 예수님이 처음 오셨을 때부터 다시 오실 때까지를 말합니다. 다시 말해 예수님이 처음 오신 때부터 시작해 계속 종말입니다. 종말은 하나님 나라가 오는 시간이며, 그것을 저지하려는 사탄의 세력이 충돌하는 시간이기도 합니다. 그렇다면 왜 요한계시록은 종말을 "진실로 속히 오리라"는 표현을 사용해 이처럼 긴급한 것으로 전하고 있을까요? 두 가지 이유가 있습니다. 첫 번째 이유는 믿음으로 사는 삶에 대한 답을 주기 위해서입니다. 요한계시록은 장차 일어날 일을 보여 주고 있지만, 그 강조점은 미래 자체에 있지 않습니다. 미래를 가득 담고 있는 현재를 보라는 것입니다. 2,000여 년 전 예수님이 이 땅에 오셨다는 사실은 하나님 나라가 이미 그 역사를 시작했다는 뜻입니다. 즉 미래에 완성될 하나님 나라가 현재에 담겨 있습니다. 일반적으로 흘러가는 시간을 뜻하는 크로노스로 본다면 과거는 후회, 미래는 두려움, 현재는 고통일 뿐입니다. 그러나 하나님이 개입하시는 시간을 뜻하는 카이로스의 눈으로 본다면 고통의 현장도 위로부터 부어 주시는 은혜가 임하는 시간이 될 수 있습니다. 하나님이 함께하시는 시간을 품고 살아갈 때 미래는 현재에 생생한 에너지를 부어 주는 동력이 됩니다. 이처럼 세상의 시간을 뚫고 임하실 하나님 나라, 그 미래의 삶을 현실에서 갖고 사는 사람들은 하나님의 말씀에 귀 기울일 수밖에 없습니다.

13. 요한계시록 22장 20-21절을 읽어 보세요. 예수님이 속히 오신다는 표현에는 어떤 의미가 담겨 있습니까?

"내가 진실로 속히 오리라"는 '내가 곧 올 것이다(I will come soon)'가 아니라 '내가 오고 있는 중이다(I am coming soon)'입니다. 천국이 우리에게 점점 가까이 오고 있는 일을 예수님이 승천하신 날로부터 계속해서 이루고 계신다는 뜻입니다. 진행형으로 하나님 나라가 오고 있습니다. 여기에 요한계시록이 종말의 긴급성을 전하는 두 번째 이유가 있습니다. 예수님이 지금 오고 계시기 때문입니다. 예수님은 어딘가 멀리 떨어진 곳에서 장차 오실 분이 아니라 이미 걸음을 떼어 이 땅을 향해 오고 계십니다. 지금 오고 계신다는 표

현은 지금 우리와 함께하시지 않는다는 부재의 의미가 아니라 그분의 임재를 알려 주는 것입니다.[36] 요한계시록은 미래의 이야기만 하는 것이 아니라 미래가 포함된 현재를 이야기하고 있습니다. 그래서 예수님이 오신 날부터 긴급성을 띠며 '속히' 오겠다고 말씀합니다. 바울은 로마서 13장 11-12절에서 그날이 가까웠다고 말합니다. 베드로도 베드로전서 4장 7절에서 마지막이 가까웠다고 전합니다. 요한일서 2장 18절은 "지금은 마지막 때라"고 표현합니다. 우리는 순간순간 주님의 역사가 부어지는 카이로스의 시간 속에서 살고 있습니다. 오늘도 우리 삶 가운데 주님이 오시기 때문에 현재에서 미래를 누릴 수 있습니다. "아멘 주 예수여 오시옵소서"라고 고백하면서 말입니다.

요한계시록은 예수님이 누구인지 말씀하며, 나(그리스도)로 시작해 나(그리스도)로 마칩니다. 예수님은 알파와 오메가, 처음과 마지막, 시작과 마침입니다. 시작 이전부터 계시고 마지막 이후에 일어날 일을 행하실 분이라는 뜻입니다. 오고 계시는 중이기에 아무도 그분을 피할 수 없고 마지막에 그분께 저항할 수도 없습니다.[37] 이런 주님을 아는 사람이라면 두 손을 벌려 그분을 환영하면서 살 것입니다. 그래서 성경 66권을 읽고 예수 그리스도가 누구인지 아는 성도들은 다 함께 고백할 것입니다. 로마제국의 황제, 돈, 성공 등 그 어떤 것도 우리의 주가 될 수 없으며, 오로지 예수님 한 분만이 우리의 주님이시라고 말입니다. 이 고백을 가진 성도들은 요한계시록을 읽고 똑같이 고백할 것입니다. "아멘 주 예수여 오시옵소서!" 그리고 이 고백을 가지고 사는 모든 사람에게 성경은 마지막으로 말씀합니다. 아무리 험한 세상을 걸어간다고 할지라도 "주예수의 은혜가 모든 자들에게 있을지어다"라고 말입니다.

1. 요한계시록을 읽으면서 상징과 숫자, 마지막 때의 모습보다 더 중요
하게 붙잡고 있어야 할 것은 무엇인가요?

- -

요한계시록의 주제는 오로지 예수 그리스도입니다. 그분이 어
떤 분이고 그분을 만나면 삶 가운데서 어떤 변화가 일어나는지 알
려 줍니다. 그래서 요한계시록을 통해 예수님을 바로 알게 되면
상징과 숫자에 얽매이지 않습니다. 종말의 시간표에 관심을 두지
않습니다. 매일 주님의 통치를 받고 있으며, 매일 하나님 나라를
경험하고 있기 때문입니다. 지금 당장 심판이 와도 절대 두렵지
않습니다. 매일 주님 오시는 날이 되기 때문입니다.

2. 이 세상 한복판에 임하실 하나님 나라를 믿습니까?

- -

새 예루살렘 성이 하늘에서 이 땅으로 내려옵니다. 고통과 상
처, 거짓과 우상이 들끓는 세상 가운데로 주님의 나라가 오고 있
습니다(I'm coming soon). 요한계시록은 고난과 아픔이 가득한 현실에
서 도피하거나 영적인 것만을 추구하라고 말씀하지 않습니다. 주

님은 지금도 우리 인생을 주관하고 계십니다. 다가오고 있는 하나님 나라를 믿으며, 그 미래를 담고 현재를 승리로 살아가야 합니다. 매일 "아멘 주 예수여 오시옵소서"의 외침이 우리 삶의 자리에서 터져 나오길 소망합니다.

기도 Pray _주기도문

하늘에 계신 우리 아버지여, 이름이 거룩히 여김을 받으시오며, 나라가 임하시오며, 뜻이 하늘에서 이루어진 것같이 땅에서도 이루어지이다. 오늘 우리에게 일용할 양식을 주시옵고, 우리가 우리에게 죄 지은 자를 사하여 준 것같이 우리 죄를 사하여 주시옵고, 우리를 시험에 들게 하지 마시옵고, 다만 악에서 구하시옵소서. 나라와 권세와 영광이 아버지께 영원히 있사옵나이다. 아멘.

◇◇◇◇◇

이것들을 증언하신 이가 이르시되

내가 진실로 속히 오리라 하시거늘

아멘 주 예수여 오시옵소서

주 예수의 은혜가 모든 자들에게 있을지어다 아멘

계 22:20-21

주

프롤로그

1. 마이클 고먼, 박규태 역, 《요한계시록 바르게 읽기》(서울: 새물결플러스, 2014), 28.
2. 유진 H. 피터슨, 홍병룡 역, 《묵시: 현실을 새롭게 하는 영성》(서울: IVP, 2002), 53.
3. G. K. Beale, *The Book of Revelation*(Grand Rapids, Michigan: Eerdmans, 1999), 33.

서문: 요한계시록 이해하기

1. 그레이엄 골즈워디, 김영철 역, 《복음과 요한계시록》(서울: 성서유니온, 1996), 9-10.
2. 같은 책, 16.
3. 리처드 보쿰, 이필찬 역, 《요한계시록 신학》(서울: 한들출판사, 2000), 67.
4. 고든 D. P. 더글라스 스튜어트, 김진선 역, 《책별로 성경을 어떻게 읽을 것인가》(서울: 성서유니온, 2003), 537.
5. 래리 크랩, 김성녀 역, 《하나님의 러브 레터》(서울: IVP, 2010), 509-510.
6. 그레이엄 골즈워디, 11.
7. 같은 책, 17.
8. 같은 책, 16-17.
9. 그레고리 K. 빌 · 데이비드 H. 캠벨, 김귀탁 역, 《그레고리 빌 요한계시록 주석》(서울: 복있는사람, 2015), 25.
10. 고든 D. P. 더글라스 스튜어트, 538.

11. 래리 크랩, 508-509.

12. 유진 H. 피터슨, 《묵시: 현실을 새롭게 하는 영성》, 10-11.

13. 같은 책, 28-29. 이 내용은 유진 H. 피터슨의 표현을 정리한 것이다.

제1과

1. 유진 H. 피터슨, 《묵시: 현실을 새롭게 하는 영성》, 35.

2. 마이클 고먼, 《요한계시록 바르게 읽기》, 28.

3. 리처드 보쿰, 《요한계시록 신학》, 15-16.

4. 유진 H. 피터슨, 33.

5. 같은 책, 34.

6. 같은 책, 39.

7. 같은 책, 39.

8. Darrell W. Johnson, *Discipleship on the Edge: an Expository Journey through the Book of Revelation*(Vancouver: Regent College Pub., 2004), 42.

9. 같은 책, 43.

10. 같은 책, 45.

11. Grant R. Osborne, *Revelation*(Grand Rapids: Baker Academic, 2002), 91.

12. 유진 H. 피터슨, 65.

13. 같은 책, 67-68. 유진 피터슨이 설명한 내용을 Darrell W. Johnson이 인용하며 그의 책 47쪽에 도표를 그려 음성의 중요성을 표현한다.

14. 같은 책, 67-68.

제2과

1. 마이클 고먼, 《요한계시록 바르게 읽기》, 204.

2. 같은 책, 205.

3. 유진 H. 피터슨, 《묵시: 현실을 새롭게 하는 영성》, 77.

4. Darrell W. Johnson, *Discipleship on the Edge: an Expository Journey through the Book of*

Revelation, 130.

5. 같은 책, 132.

6. 같은 책, 132.

7. 같은 책, 133.

8. 같은 책, 136.

9. Phil Moore, *Straight to the Heart of Revelation: 60 bite-sized insights*(Oxford: Monarch Books, 2010), 64.

10. Philip E. Hughes, *The Book of Revelation*(Grand Rapids, Eerdmans, IVP, 1990), 72.

11. Darrell W. Johnson, 138.

12. 같은 책, 137.

13. 윌리엄 바클레이, 정혁조 역, 《성서 주석 시리즈 17: 계시록-하》(서울: 기독교문사, 1974), 243. 톰 라이트도 초기 기독교 전승에서 해석한 것을 그의 책에 소개한다. 톰 라이트, 이철인 역, 《모든 사람을 위한 요한 계시록》(서울: IVP, 2015), 76 참조.

14. 같은 책, 143.

15. 유진 H. 피터슨, 55.

16. Darrell W. Johnson, 144.

17. 같은 책 144.

18. 로버트 마운스, 장규성 역, 《NICNT 요한계시록》(서울: 부흥과개혁사, 2019), 178.

19. Darrell W. Johnson, 147.

20. 로버트 마운스, 183.

21. 유진 H. 피터슨, 39.

22. G. K. Beale, *The Book of Revelation*, 358.

23. 유진 H. 피터슨, 109.

24. Phil Moore, *Straight to the Heart of Revelation: 60 bite-sized insights*(Oxford: Monarch Books, 2010), 70.

제3과

1. Darrell W. Johnson, *Discipleship on the Edge: an Expository Journey through the Book of Revelation*, 166.
2. 같은 책, 167.
3. 그레이엄 골즈워디,《복음과 요한계시록》, 85. 보스(Geerhardus Vos)의 도표에 근거하여 조금 다듬은 것이다.
4. Darrell W. Johnson, 169-170.
5. 윌리엄 바클레이,《성서 주석 시리즈 17: 계시록-하》, 49.
6. 일곱 가지 봉인을 떼는 것을 표현한 단어(conquest, strife 등)는 다음의 책에서 가져 왔다. Michael Wilcock, *The Message of Revelation: I Saw Heaven Opened*(Leicester, England; Downers Grove, Ill.: Inter-Varsity Press, 1992), 69-73.
7. Darrell W. Johnson, 171.
8. 윌리엄 바클레이, 51.
9. Michael Wilcock, 71.
10. Darrell W. Johnson, 172.
11. Michael Wilcock, 72.
12. Darrell W. Johnson, 176.
13. Michael Wilcock, 73.
14. Darrell W. Johnson, 176.
15. 같은 책, 180.
16. 로버트 마운스,《NICNT 요한계시록》, 211.
17. 같은 책, 211.
18. Michael Wilcock, 80.
19. Darrell W. Johnson, 183-185.
20. Grant R. Osborne, *Revelation*, 315. Osborne은 144,000명에 대한 다양한 의견을 정리한 후 이렇게 결론을 맺는다. 310-315 참조.
21. Phil Moore, *Straight to the Heart of Revelation: 60 bite-sized insights*, 99.

제4과

1. 그레엄 골즈워디, 《복음과 요한계시록》, 85.
2. Darrell W. Johnson, *Discipleship on the Edge: an Expository Journey through the Book of Revelation*, 192.
3. Michael Wilcock, *The Message of Revelation: I Saw Heaven Opened*, 84.
4. 유진 H. 피터슨, 《묵시: 현실을 새롭게 하는 영성》, 141. *TDNT* 사전의 내용을 재인용 했다.
5. 같은 책, 139.
6. 윌리엄 바클레이, 《성서 주석 시리즈 17: 계시록-하》, 98.
7. 유진 H. 피터슨, 133. 그는 그 의미를 139-141에 걸쳐 설명한다.
8. 같은 책, 141-142.
9. Darrell W. Johnson, 169.
10. 로버트 마운스, 《NICNT 요한계시록》, 236.
11. 같은 책, 194-195.
12. 그레고리 K. 빌 · 데이비드 H. 캠벨, 《그레고리 빌 요한계시록 주석》, 304. 출애굽기 19장에서 '독수리도 날개로 그들을 업어 인도하였음'을 보여 준다.
13. Darrell W. Johnson, 197.
14. 같은 책, 199.
15. 같은 책, 197.
16. Michael Wilcock, 99.
17. 유진 H. 피터슨, 136.
18. 같은 책, 157.
19. 같은 책, 158.
20. 같은 책, 161.
21. Darrell W. Johnson, 203.
22. 같은 책, 205.
23. 유진 H. 피터슨, 77.
24. 같은 책, 79-80.

25. Darrell W. Johnson, 206.

제5과

1. Thomas Nelson, *Nelsen's Complete Book of Bible Map's & Charts*(Thomas Nelson, 1993), 485; 로버트 마운스, 《NICNT 요한계시록》, 51-54; 그레고리 K. 빌 · 데이비드 H. 캠벨, 《그레고리 빌 요한계시록 주석》, 33-38.

2. Darrell W. Johnson, *Discipleship on the Edge: an Expository Journey through the Book of Revelation*, 223.

3. 유진 H. 피터슨, 《묵시: 현실을 새롭게 하는 영성》, 178.

4. 같은 책, 178.

5. 윌리엄 바클레이, 《성서주석시리즈 17: 계시록-하》, 153.

6. 같은 책, 155~158.

7. 톰 라이트, 《모든 사람을 위한 요한계시록》, 156.

8. Darrell W. Johnson, 224-225.

9. 같은 책, 224-226.

10. 같은 책, 231.

11. 윌리엄 바클레이, 166.

12. 같은 책, 166.

13. 같은 책, 172-176.

14. 유진 H. 피터슨, 183.

15. J. 스캇 듀발, 홍수연 역, 《요한계시록의 심장》(서울: 새물결플러스, 2020), 169.

16. Darrell W. Johnson, 246.

17. 윌리엄 바클레이, 190-192. 톰 라이트는 666이 히브리어 문자로 쓰면 네로 황제를 나타낸다는 사실이 확실하다고 말한다. 톰 라이트, 169 참조.

18. Darrell W. Johnson, 250.

19. 같은 책, 250.

20. 유진 H. 피터슨, 184.

21. Phil Moore, *Straight to the Heart of Revelation: 60 bite-sized insights*, 168.

22. 윌리엄 바클레이, 210.
23. Douglas Todd가 "How do you solve a problem like Gretta Vosper, atheist clergywoman?"이라는 제목으로 2015년 7월 15일자 Vancouver Sun에 기고했다.

제6과

1. Philip E. Hughes, *The Book of Revelation*(Grand Rapids, Eerdmans, IVP, 1990), 171.
2. 윌리엄 바클레이, 《성서주석시리즈 17: 계시록-하》, 214.
3. 그레고리 K. 빌 · 데이비드 H. 캠벨, 《그레고리 빌 요한계시록 주석》, 510.
4. 윌리엄 바클레이, 216; 로버트 마운스, 《NICNT 요한계시록》, 366.
5. Darrell W. Johnson, *Discipleship on the Edge: an Expository Journey through the Book of Revelation*, 277.
6. 그레고리 K. 빌 · 데이비드 H. 캠벨, 505-506.
7. 같은 책, 508.
8. 윌리엄 바클레이, 218.
9. 같은 책, 218.
10. 같은 책, 219.
11. Ray C. Stedman, *God's Final Word*(Grand Rapids, 1991: Discovery House), 274.
12. 윌리엄 바클레이, 221.
13. 톰 라이트, 《모든 사람을 위한 요한계시록》, 195.
14. 그레고리 K. 빌 · 데이비드 H. 캠벨, 529.
15. 톰 라이트, 196.
16. Michael Wilcock, *The Message of Revelation: I Saw Heaven Opened*, 146-147.
17. 그레고리 K. 빌 · 데이비드 H. 캠벨, 547.
18. 윌리엄 바클레이, 235.
19. Darrell W. Johnson, 290.
20. 톰 라이트, 201.
21. Michael Wilcock, 149-150.

22. Darrell W. Johnson, 290.

23. Michael Wilcock, 144.

24. 같은 책, 150.

25. 톰 라이트, 205-208. 그는 바벨론의 모습을 매춘부의 어두운 패러디로 묘사한 이유를 자세히 설명한다.

26. 윌리엄 바클레이, 255.

27. 그레고리 K. 빌 · 데이비드 H. 캠벨, 578.

28. 같은 책, 584-585.

29. 같은 책, 587.

30. 톰 라이트, 213.

31. 같은 책, 213-214.

32. 윌리엄 바클레이, 266.

33. Darrell W. Johnson, 304.

34. Phil Moore, *Straight to the Heart of Revelation: 60 bite-sized insights*, 209.

35. 윌리엄 바클레이, 269.

36. 마이클 고먼, 《요한계시록 바르게 읽기》, 288.

37. 같은 책, 270-274.

38. 같은 책, 278.

39. 같은 책, 281-282.

40. 톰 라이트, 222.

41. 그레고리 K. 빌 · 데이비드 H. 캠벨, 620.

42. 마이클 고먼, 291.

43. 톰 라이트, 225.

44. Darrell W. Johnson, 267.

45. 유진 H. 피터슨, 《묵시: 현실을 새롭게 하는 영성》, 197.

46. 같은 책, 200.

47. 같은 책, 201.

제7과

1. J. 스캇 듀발,《요한계시록의 심장》, 25.
2. 유진 H. 피터슨,《묵시: 현실을 새롭게 하는 영성》, 219.
3. 같은 책, 219.
4. 같은 책, 222-223.
5. Darrell W. Johnson, *Discipleship on the Edge: an Expository Journey through the Book of Revelation*, 307.
6. 톰 라이트,《모든 사람을 위한 요한계시록》, 227.
7. 그레고리 K. 빌 · 데이비드 H. 캠벨,《그레고리 빌 요한계시록 주석》, 636.
8. Darrell W. Johnson, 308-309.
9. 같은 책, 311-313.
10. 같은 책, 313.
11. Philip E. Hughes, *The Book of Revelation*, 202.
12. 유진 H. 피터슨, 228.
13. Darrell W. Johnson, 324.
14. 그레고리 K. 빌 · 데이비드 H. 캠벨, 645-646.
15. 같은 책, 647.
16. 마이클 고먼,《요한계시록 바르게 읽기》, 293; 유진 H. 피터슨, 233.
17. Darrell W. Johnson, 330.
18. 같은 책, 324.
19. 유진 H. 피터슨, 229.
20. 톰 라이트, 241.
21. 이 부분은 다음의 책들을 정리한 내용이다. 그레엄 골즈워디,《복음과 요한계시록》, 18-20; Michael Wilcock, *The Message of Revelation: I Saw Heaven Opened*, 175-182; Darrell W. Johnson, 332-337.
22. Darrell W. Johnson, 336.
23. 같은 책, 336.
24. 같은 책, 337.

25. 같은 책, 338

26. 같은 책, 345.

27. 같은 책, 345.

28. 같은 책, 345.

29. 그레고리 K. 빌 · 데이비드 H. 캠벨, 720.

30. 톰 라이트, 247.

31. 같은 책, 247-248.

32. 유진 H. 피터슨, 231.

33. 같은 책, 237.

제8과

1. 유진 H. 피터슨,《묵시: 현실을 새롭게 하는 영성》, 235.

2. 같은 책, 242.

3. 같은 책, 242.

4. 같은 책, 244.

5. 같은 책, 245.

6. 톰 라이트,《모든 사람을 위한 요한계시록》, 253.

7. 마이클 고먼,《요한계시록 바르게 읽기》, 307-308.

8. 유진 H. 피터슨, 247.

9. Darrell W. Johnson, *Discipleship on the Edge: an Expository Journey through the Book of Revelation*, 361. Jacques Ellul, *The Meaning of the City*, 5-6 재인용.

10. 같은 책, 361.

11. 유진 H. 피터슨, 248.

12. 같은 책, 249.

13. 같은 책, 251.

14. Darrell W. Johnson, 362.

15. 같은 책, 362.

16. 마이클 고먼, 302.

17. 그레고리 K. 빌 · 데이비드 H. 캠벨,《그레고리 빌 요한계시록 주석》, 739. 로버트 마운스는 창 17:7; 삼하 7:14; 갈 3:29을 근거로 이 오래된 언약이 믿음으로 아브라함의 후손이 된 모든 자에게 이루어짐을 설명한다. 로버트 마운스,《NICNT 요한계시록》, 488 참조.
18. 유진 H. 피터슨, 250.
19. 같은 책, 252.
20. Darrell W. Johnson, 367.
21. 같은 책, 365-366.
22. J. 스캇 듀발,《요한계시록의 심장》, 303.
23. Michael Wilcock, *The Message of Revelation: I Saw Heaven Opened*, 211.
24. 그레고리 K. 빌 · 데이비드 H. 캠벨, 766.
25. Lawrence O. Richard, *Expository Dictionary of Bible Words*(Grand Rapids, 1985: Zondervan), 410-411.
26. Darrell W. Johnson, 378.
27. 유진 H. 피터슨, 265
28. 같은 책, 265.
29. 같은 책, 266.
30. 같은 책, 269.
31. 같은 책, 272.
32. Darrell W. Johnson, 385.
33. 마이클 고먼, 309.
34. 유진 H. 피터슨, 269.
35. 같은 책, 269-270.
36. 같은 책, 384.
37. Darrell W. Johnson, 384-385.